消费者行为心理学导论

刘秀艳 著

中国原子能出版社

图书在版编目(CIP)数据

消费者行为心理学导论 / 刘秀艳著.--北京:中
国原子能出版社,2019.11（2023.1重印）
　ISBN 978-7-5221-0193-4

　Ⅰ.①消… Ⅱ.①刘… Ⅲ.①消费心理学 Ⅳ.
①F713.55

中国版本图书馆 CIP 数据核字(2019)第 252727 号

消费者行为心理学导论

出版发行:中国原子能出版社(北京市海淀区阜成路43号　100048)
责任编辑:刘东鹏
责任印制:赵　明
印　　刷:河北宝昌佳彩印刷有限公司
经　　销:全国新华书店
开　　本:787mm×1092mm　1/16
印　　张:11.75
字　　数:210千字
版　　次:2021年9月第1版　　2023年1月第2次印刷
书　　号:ISBN 978-7-5221-0193-4
定　　价:56.00

网址:http://www.aep.com.cn　　　E—mail:atomep123@126.com
发行电话:010—68452845

前　言

　　消费者心理与行为是伴随商品经济发展而产生的一种社会经济现象。随着我国改革开放的深入和国民经济的高速发展,市场的供求关系、需求结构和消费结构都在发生着巨大的变化。在买方市场和以顾客需求为导向的现代市场经济条件下,对消费者的心理与行为的研究成为工商企业开展市场营销活动的基础,并将对企业的经营发挥越来越大的作用。

　　自从我国加入 WTO 以后,我们的社会主义市场经济逐步与世界经济接轨。在东西方经济文化的碰撞、渗透和交融的进程中,一方面,发达国家的许多消费行为与消费心理研究的诸多理论不断渗入我国,为我们的研究增添了不少的信息和经验;另一方面,我国消费者的文化物质需求日益发展和提升,人们的消费水平正在逐渐与世界发达国家的消费水平接近,而且,出现了富有我国特色的消费行为心理文化。这一切为消费行为心理研究,拓展了新的发展空间,目前正是我们消费行为心理研究学者进行理论创新的战略机遇期。

　　消费者心理与行为关系到每一个在社会中生存与发展的人,人人都是消费者,人类生活的方方面面都涉及商品和服务的消费,从某种意义上来讲,消费及消费什么就是人生活的意义,了解人的消费行为,也就是了解人的生活方式和生活态度,因此对消费者的研究和认识就显得尤为基础与重要。

　　本书主要介绍了消费者的内涵,消费者心理与行为概述,消费者的注意、感觉和知觉,消费者的记忆、想象和思维,消费者的情绪、情感和意志,消费者行为的个性心理概述,消费者的气质,消费者的性格,消费者的能力,消费者需要,消费者购买动机,消费者购买决策,消费者购买行为及模式,经济环境因素、文化环境因素、社会阶层他因素、参照群体因素、家庭对消费者心理与行为的影响,营业环境概述,营业场所外部环境与消费心理及购买行为,营业场所内部环境与消费心理及购买行为和服务环境与消费者心理及购买行为等内容。

本书系山东潍坊科技学院刘秀艳老师编写,在写作过程中参考和借鉴了相关专家、学者的著作和文献,在此表示衷心的感谢!由于作者水平有限,在写作过程中难免存在错误或者遗漏之处,敬请广大读者、专家批评指正。

作　者

2019 年 8 月

目　录

第一章 绪论

第一节 消费者概述

一、消费的概念

消费是指消费主体出于延续和发展自身的目的,有意识地消耗物质资料或非物质资料的能动行为。

广义的消费包括生产消费和个人消费两大类。

(一)生产消费

指生产过程中工具、原材料、燃料、人力等生产资料和活劳动的消耗。在生产过程中,劳动者与其他生产要素结合,创造出新的使用价值的活动,是生产行为的反映,而生产行为本身,就其一切要素来说,也是消费行为。因此,在生产过程中,对劳动力及其他生产要素的使用、消耗及磨损称为生产过程中的消费。它包含在生产之中,是维持生产过程连续进行的基本条件。

(二)个人消费

指人们为满足自身需要而对各种生活资料、劳务和精神产品的消耗。它是人们维持生存和发展,进行劳动力再生产的必要条件,也是人类社会最大量、最普遍的经济现象和行为活动。

在社会再生产过程中,生产消费与个人消费处于完全不同的地位。从社会再生产过程中"生产—分配—交换—消费"四个环节来看,生产消费是起点,个人消费则是这一过程的终点。因此说,个人消费是一种最终消费,马克思称之为原来意义上的消费。

通常,"消费"一词在狭义上专指个人消费。本书主要从狭义的消费角度来讨论消费者心理与行为。

二、消费者的概念

消费者与消费是既紧密联系又相互区别的两个概念。消费是人们消耗生活资料和精神产品的行为活动,而消费者则是指从事消费行为活动的主体——人。

消费者是指在不同时间和空间范围内参与消费活动的个人或集团,泛指现实生活中的人。

对于消费者这一概念可以从以下几个方面来进一步加深理解。

(一)从消费过程理解

一般而言,消费者是指购买与使用各种消费品的人。具体地说消费者即是各种消费品的需求者、购买者和使用者。在动态的消费过程中,购买者不一定是需求者或使用者,如购买礼品赠予他人;使用者也不一定是购买者,如卧床不起的病人使用亲人为其买来的商品;当然,需求者也不一定必须亲自去购买,可请他人代为购买。若将消费过程视为需求、购买、使用三个过程的统一体,则处于这三个过程中的某一过程或全过程的人均可称之为消费者。换言之,消费者指实际参与消费活动的某一过程或全过程的人。

(二)从消费品的角度理解

在同一时空范围内,消费者可以对某一消费品做出不同的反应,根据不同的反应可以对消费者进行分类。

1.现实消费者

指对某种消费品或服务有现实需要,并通过现实的市场交换行为,获得某种消费品并从中受益的人。

2.潜在消费者

指在目前对某种消费品尚无需要或购买动机,但在未来某时刻有可能转变为现实消费者的人。由于缺乏某种必备的消费条件,诸如需求意识不明确、需求程度不强烈、购买能力不足、缺乏有关商品信息等。潜在消费者通常处于潜在消费状态。当所需要的各种条件均具备时,潜在消费者便随时可以转化为现实消费者。

3.永不消费者

指当时或未来都不会对某种消费品产生消费需要和购买愿望的人。如糖尿病患者可能是白砂糖的永不消费者。

在某一时间,某一位消费者面对不同的消费品时,可以同时表现为不同的身份,如某一消费者面对甲消费品时表现为现实消费者,面对乙消费品时表现为潜在消费者,面对丙消费品时表现为永不消费者。因此,我们可以说消费者是一个动态消费行为的执行者。

(三)从消费单位的角度理解

从消费单位的角度可以把消费者划分为个体消费者、家庭消费者和集团消费者。

个体或家庭消费者是指为满足个体或家庭对某种消费品的需求量而进行购买或使用的人。这与消费者个人的需求、愿望和货币支付能力密切相关。

集团消费者是指为满足社会团体对某种消费品的需要而进行购买或使用的人或团体。作为团体行为,不一定反映消费者个人(即团体某成员)的愿望或需要,也与个人货币支付能力没有直接关系。

作为消费者个人,可以同时成为家庭消费者或集团消费者中的一员。因此,从消费单位的角度考察消费者,可以说消费者是一个广义的参与消费活动的个人或团体。

三、消费者研究的发展历史

(一)消费者研究与企业的营销活动

对消费者的研究是随着市场经济的发展而产生,最早发端于早年的美国商界,并随着企业的市场营销活动的需要而逐步深入的。在商品匮乏、小商品生产的情况下,生产者和商人无须考虑如何扩大商品的销路,客观上没有专门研究消费者心理与行为的需要;在资本主义工业革命的初期,商品经济虽说有了很大发展,但从总体上商品还是供不应求的,多数商品处于"卖方市场"的阶段,企业在生产和经营的过程中无须担心产品的销路而考虑消费者的需求,有关消费者心理的问题在这一时期自然不会引起人们的重视;直到 19 世纪末 20 世纪初,资本主义经济进入繁荣发展阶段,机器大工业生产方式的确立,生产社会化程度的提高,使物质产品极大地丰富起来,"买方市场"开始形成,产品市场的有限性使企业之间的竞争越来越激烈,为此,许多企业主开始把目光转向寻求和开拓市场的途径。为了使自己生产的商品更加适销对路,他们开始关注和了解消费者的需求、兴趣和购买欲望,促使一些具有远见卓识的人对消费者的心理和行为进行专门的研究。

对消费者的分析是形成企业营销策略的基础,它会影响企业产品或服务目标市场的选择、市场定位及客户满意等。市场营销策略涉及众多方面,包括确定产品、定价、促销、分销和服务等,将这些所有相关特性组合起来,呈现给目标顾客,以提高其生活水平或工作绩效。消费者对企业营销策略的反应,决定了这些战略的成败,会导致某一企业产品形象的形成,会决定销售水平及消费者的满意度。

如传统的零售商正在通过建立"顾客体验中心"等具有创意的方式,为消费者购物注入体验因素。麦德龙超市在 2015 年进行了入华 18 年以来最大规模的一次调整。在重装后的麦德龙商场内看到,服务和体验功能在此次升级中得以强化。新开辟的客户互动区域"客户驿站",可为顾客提供舒适的环境和免费自助咖啡,并配备电脑及打印机,可供顾客上网查询邮件和商品信息,并打印订单。"福利礼品馆"更有专业销售人员通过一对一的方式,为客户提供量身定制的福利方案。"互动坊"为顾客提供了沟通交流的平台,快捷便利的"优速达"送货服务,为在店内采购的顾客提供当天送达的专业配送服务。很显然,此时的购物已经超越了单纯的商品交易,企业更希望消费者在内心留下难忘的购物体验。

因此,在市场经济条件下,企业市场占有率的高低,企业竞争力的大小,归根到底,取决于消费者是否乐于购买。企业要想在激烈的市场竞争中立于不败之地,就必须比竞争对手更多地了解自己的目标顾客,了解市场需求的变化,理解消费者的需求心理与行为。

随着生产力的发展,人类社会逐渐进入消费社会。与农业社会贫乏的物质资料相反,现代社会特别是现代城市中的居民,被丰盛的系列化的或杂乱无章的商品和服务所包围、所诱惑。消费是以消费者为主体的经济活动,消费活动的效果如何,不仅受社会经济发展水平、市场供求情况、企业经营活动的影响,而且更多地取决于消费者个人的决策水平和行为方式,而这些,又与消费者自身的个性特点、兴趣爱好、认知方式、价值观念等有着密切关系。在人们的消费活动中,既会追求能带来感官刺激和物质享受的产品,也会追求只具有象征意义或符号化的产品。拜金主义、物质主义、消费主义逐渐成为具有主流地位的思想意识;获取收入,积极消费,从消费中获取快乐成了现代社会的重要行为特征。通过传播和普及有关消费心理与行为的理论知识,可以帮助消费者认识自身的心理特点,提高他们的购买决策能力,使其消费行为更加科学合理。

(二)消费者研究的发展阶段

不了解消费者,就无法预测其需求与欲望,也无法对其需求与欲望做出恰当的反应。发现消费者需求与欲望是一个复杂的过程。对消费者心理与行为的研究随着生产力和商品经济的充分发展,市场供求日益尖锐,竞争日益加剧而形成和发展起来的,大体上可以分为萌芽、创立、深化、变革与重构4个阶段。

1. 萌芽阶段

19世纪末到20世纪50年代,心理学的发展为消费心理与行为的产生提供了可能。1899年美社会学家凡勃伦《有闲阶级论》提出了炫耀性消费及其社会含义。从19世纪末德国心理学家威廉·冯特创立第一个心理实验室开始,心理学理论得到迅速的发展,出现了众多的流派,创立了各种各样心理分析方法,正是这些理论和方法为消费心理与行为的研究奠定了科学的基础。

越来越多的心理学研究者不满足只在实验室从事纯学术研究,而纷纷把其研究扩展到工业、军事、教育、医学等社会领域,尝试运用心理学的理论和方法来解释和指导人们的社会实践活动。1901年美国心理学家沃尔特·D.斯科特提出可以将心理学应用到广告活动中,其后,斯科特将有关理论进一步系统化,出版了《广告心理学》一书,《广告心理学》的出版开辟了消费心理与行为研究的先河。在以后的很长一段时期,美国的许多心理学家根据当时的经济形势的需要,积极从事消费心理的研究和实验,出版了多部相关的著作,从不同侧面探讨消费心理与行为的有关问题。丰富了消费心理与行为的内容,使消费心理与行为理论体系逐步完成。由此可见,消费心理与行为的产生,一方面是商品经济产生和发展的客观要求,另一方面也是心理学的相关学科研究成果扩展和深化的产物。

20世纪30年代,资本主义生产过剩的经济大危机,使得需求问题成为企业面临的头号问题。为了促进销售,企业纷纷加强了广告、促销力量,产业界对运用消费者心理与行为研究成果表现出越来越深厚的兴趣。第二次世界大战后,随着经济的恢复和发展,消费者收入的持续提高,消费者心理与行为日益多样化、个性化。企业经营观念开始发生重大转变,企业逐步重视和加强市场调研,预测消费趋势,刺激消费需求,从而推动了消费者心理与行为的研究。

20 世纪 50 年代,消费者心理与行为研究最引人注目的成果是需要和动机理论。1950 年,心理学家梅森·海尔通过对两组不同的消费者在购买速溶咖啡问题上的回答进行研究,找出了家庭主妇不喜欢购买速溶咖啡的真正原因,从而揭示了消费者潜在的购买动机。1951 年,美国著名犹太裔人本主义心理学家亚伯拉罕·马斯洛提出了"需要层次理论"。此外,谢里夫、凯利和谢把托尼等开展了对参照群体的研究,盖斯特和布朗对消费者品牌忠诚的研究等都有一定的影响。

2. 创立时期

20 世纪 60 年代到 70 年代,消费者心理与行为研究被广泛地应用于市场营销活动中并得到迅速发展。1960 年,美国心理学会成立了消费者心理学分科学会,消费者行为学作为一门独立学科的地位逐渐得到承认。感知风险最初的概念是由哈佛大学的 Bauer 从心理学延伸出来的,他认为消费者任何的购买行为,都可能无法确知其预期的结果是否正确,而某些结果可能令消费者不愉快。这一时期,消费者心理与行为研究的范围大大地扩展,关注消费者行为的情感和非理性心理决策,关注家庭购买决策,关注消费者行为的社会决定因素。同时,研究方法日益多样化,研究方法亦向定量化方向发展,研究成果呈加速增长趋势,其中消费心理方面的研究居首位。1968 年,第一部消费者行为学教材《消费者行为学》由俄亥俄州立大学的恩格尔、科拉特和布莱克维尔合作出版。1969 年,美国的消费者研究协会正式成立。

20 世纪 70 年代以来,有关消费心理与行为的研究进入全面发展阶段,除学术团体外,许多大企业也设立研究机构,专门从事消费心理与行为的研究,有关消费心理与行为的理论和知识的传播日益广泛,并受到社会各界的高度重视。1974 年,《消费者研究杂志》(JCR)创刊。消费心理与行为研究内容日益深入,研究方法趋向多样化。除了传统的定性分析以外,还运用统计分析技术、信息技术、动态分析等现代科学的研究成果,建立精确的消费心理与行为模型,对消费心理现象进行定量分析,从因果关系、动态发展、数量变化上揭示各变量之间的内在联系,从而把消费心理与行为的研究推进到一个新的阶段,使消费心理与行为的研究内容更加全面,理论分析更加深入,学科体系也更加完善,消费心理与行为在实践中得到越来越广泛的应用。

3. 深化时期

20 世纪 80 年代到 2000 年,对消费者的研究进入了深度理解消费者的时期。1982 年,瑟吉的论文《消费者行为中的自我》一文的发表,标志着自我概念被引入消费者行为的研究之中。"自我"成为研究和理解消费者的重要核心概念。

在这一时期的研究手段与方法更为先进。有关专家和研究人员不仅仅使用了先进的计算机技术,而且拥有先进的分析消费者心理的工具,拥有基于消费者心理行为理论的模型以及专门为研究消费者心理和行为而开发设计的计算机软件。由于国外市场的运行机制较为完善,外国学者还习惯于通过搜集大量的资料来建立消费者行为模式,用这些模式去观测消费者下一阶段的消费心理和行为,从而为商品的产生和销售制定相应的策略。由于具备先进的现代化研究手段,反馈消费者心理体会的速度十分迅速,为企业提供了有益的研究报告,便于企业迅速地调整或做出生产和经营管理方面的决策。

企业非常重视对于消费者心理和行为的研究。在产品的设计、研制和开发过程中,为了了解消费者对于该产品的看法、购买商品的过程和消费心理的体会,不惜投入大量的人力和物力,而且投入这类研究的费用占产品开发费用的比例很高。一般用于研究市场和消费者心理的费用,大约要占到产品推广费用的 5%～15%以上。这样高比例的研究投入,有助于提高研究结果的实用性和可信度。

4.变革与重构时期

2000 年以来,互联网和移动终端的广泛应用,使理解、分析消费者的方法都在发生根本性的变革。相对于以往的消费者研究而言,重构移动互联网时代的消费者心理与行为已经势在必行。2004 年,当代美国消费者行为学研究专家 L.G·希夫曼和 L.L·卡纽克教授新著《消费者行为学》(第八版)在新千年信息网络技术趋于成熟、经济全球化进程进一步加速的背景下面世了。这一版的最大亮点就是作者着力考察了信息技术与全球化环境对消费者行为的影响。

目前研究消费心理与行为的主要趋势表现为:其一,研究数字化革命对消费者行为的影响。关注消费者的网络购买行为,研究互联网对消费者信息搜集、决策制定和购买选择带来的冲击,以及互联网既作为一种信息渠道,又作为一种分销渠道的重要性及其影响力。其二,研究重心更集中在消费者自身,特别是消费者体验更受到重视,同时,对各种新一代消费者的研究也是热点。从单个人到人与人形成的网络关系的研究,如消费者虚拟社交网络。其三,研究方法的多元化。在主流实证方法的基础上,各种新的定性研究方法被运用,同时,基于高科技的大数据分析方法已经出现。其四,研究与应用并重。对于消费者的研究既注重学术,更注重应用。这是因为研究消费者的目的,就是为了赢得消费者和解决市场问题。

(三)消费者研究在我国的开展状况

我国科学系统地研究消费者心理与行为的规律,开始于 20 世纪初。国内的学者开始介绍西方的有关研究结果,吴应国翻译出版过斯科特的《广告心理学》。此外,我国学者自己撰写的著作中,也开始出现对消费者心理与行为的专门论述,如潘菽的《心理学概论》,孙科的《广告心理学概论》等。

1949 年之后,我国进行了工商业的社会主义改造,从社会主义改造的完成,到改革开放前后的一段时间里,我国绝大部分商业经营单位为国家所有。这段时期消费行为受到了许多限制,商品供应基本上是处于供不应求的状况,国有企业对待自己所生产的商品普遍存在那种"皇帝的女儿不愁嫁"的思想,商业零售单位的服务态度也谈不上对顾客重视,消费者许多愿望难于实现。由于商品供应不足,态度傲慢的售货人员常常对顾客做出无礼的行为,至于消费者的权益,那只是人们的一种奢望了。一方面,那一时期,我国在消费心理与行为领域的研究非常薄弱,很少有人从心理学的角度研究消费和消费者集中的计划经济体制下,企业听命于国家计划,没有直接面对市场和消费者,也没有关注和研究消费者心理与行为的必要;另一方面,长期以来,人们受极左思想的束缚,把个人消费与资产阶级生活方式等同起来,在理论上视为禁区,造成了研究人员的匮乏,加之长期的商品短缺,消费水平低下,消费观念的陈旧,这些都在客观上阻碍了消费心理与行为相关理论在我国的研究和应用。

改革开放以来,随着社会主义市场经济体制的建立和完善,我国消费品市场迅速发展,买方市场逐步形成,消费者在消费水平、消费观念、消费结构、消费方式等方面也发生了巨大的变化,消费者的自主意识、成熟程度远远高于以往的任何时期。与此同时,企业之间的竞争越来越激烈,企业从其经营实践中,越来越深刻地认识到:消费者是上帝,消费者是企业利润的来源,消费者的货币选票投向哪里,哪里就决定着企业的生存和发展。为了自身的经济利益,为了争夺消费者手中的货币选票,研究消费者的心理与行为便成为企业营销管理的极其主要的内容,同时也成为理论界探讨的重要课题。

20 世纪 80 年代中期,我国开始系统的大量的从国外引进有关消费心理与行为的研究成果。随着研究工作的深入,在引进国外研究方法和经验的同时,还针对我国市场特点,进行有的放矢的研究,例如,针对我国城乡差别的扩大,对我国城乡不同的消费水平和消费结构的研究;针对我国实行独生子女政策后的家庭结构,对独生子女这个特殊消费群体消费心理与行为的研究等。从事消费心理的专门研究人员和研究机构日益增多,我国高等院校的相关专业还纷纷开设《消费心理学》《消费者行为学》课程,作为学生必修的专业课。目前,工商企业对消费心理与行为研究的重视程度越来越高,企业经营决策部门对消费者信息的依赖性越来越强,消费心理与行为学在我国已经由介绍、传播期,进入普及和应用期,其发展前景看好。

第二节　消费者心理与行为概述

一、消费者心理与行为概念

(一)消费者心理

消费者心理是指消费者在从事消费活动中的一系列的心理活动。消费者心理一般包括:消费者的认知、情绪、意志等一般心理过程;消费者的需求、动机、兴趣等动力心理特征;消费者的气质、性格、能力等个性心理特征;消费者的文化、政治、经济、角色、家庭、阶层、人际关系等社会心理特征;消费者情境等短暂社会因素。当然,企业营销对策也是一个十分重要的影响消费者心理的社会因素,会对消费者的心理产生重要的影响。

研究消费者行为就必须认识消费者心理,因为消费者的行为是被消费者的心理支配的,而要认识消费者心理就必须先对人的心理有一个整体的认识。

1.心理学简介

心理学有一个很长的过去和一个很短的历史。说它有一个很长的过去,因为心理学的一部分源于哲学,而哲学作为一门研究知识、现实和人的本质的学科已经存在许多世纪了。说它有一个很短的历史,是因为心理学从开始成为一门科学至今不过百余年。在词源上,"心理学"(psychology)的希腊词根"psyche"的意思是"心灵"或"精神",后缀"logy"的意思是"讲述",那么合起来,心理学就是讲述心灵的学问。到了19世纪末,科学心理学萌芽,心理学被界定为是研究心理活动规律的科学。

人的心理活动可以分为个体心理与社会心理两个方面。

人是作为个体而存在,个人所具有的心理现象称个体心理。个体心理现象异常复杂,心理学通常从两个方面加以研究:一是共同的心理过程,即个体心理活动形成及其行为表现的一般过程;二是个性差异,即人与人之间在心理活动倾向性与稳定的心理活动特性上的差异。

个体心理过程包括认知过程、情感过程与意志过程三个方面。个性差异是指个体在心理过程的发展与进程中经常表现出来的比较稳定的心理活动倾向与心理过程特点。个体的心理活动倾向性与个性特征综合在一起,构成了体完整的个性心理,或简称个性。个体的心理活动倾向性是指人进行活动的基本动力,比如需要、动机、兴趣等;个性特征是指一个人身上经常稳定地表现的特征,包括气质、性格和能力等。值得一提的是,我们在日常生活中也经常使用"气质""个性""人格"等概念,例如,我们在日常生活中说一个人有"气质"是指一个人外形美、举止优雅;说一个人有"个性"是指一个人独特、有主见;说一个人有"人格"是指一个人具有品位和尊严,其意义显然与心理学中的科学概念是不完全一样的。

心理过程与个性心理这两个方面是相互制约、相互影响的,个性心理是在心理过程的基础上逐渐形成和发展的,并总是在各种心理过程中表现出来;反过来,已形成的个性心理又影响着心理过程,使个体的心理过程总是带有个性色彩。了解个性心理就是为了了解个体的心理过程。心理过程与个性心理的这种相互关系从整体上反映着人的心理活动的共同规律和差异规律的辩证统一,心理学就是要研究并揭示这些心理现象及其规律。

人是社会关系的总和,个人作为社会的成员,总是生活在各种社会团体之中,并与其他成员结成各种关系,如亲属关系、朋友关系、师生关系、民族关系、国家关系等。有关人际关系、人际互动、团体的动力与特征、个体社会化等方面的心理现象被称为社会心理。社会心理及其与个体心理的关系,也是心理学的研究对象(图 1-1)。

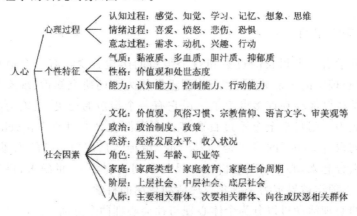

图 1-1　影响人的心理活动的主要因素

意识(consciousness)是人类所独有的一种高级水平的心理活动,一般被定义为对外部和内部刺激的觉知(awareness)。意识对事物和活动的指向和集中表现为注意,注意出现在人的各种认知活动和行为中。

人的心理活动除了意识外,还存在无意识现象。这是人在正常情况下觉察不到,也不能自我调节和控制的现象。人在梦境中的心理现象主要是在无意识情况下产生的,人不能预先计划梦境的内容,也无法支配梦境的进程。在多数情况下,人难以准确回忆梦境的内容。人在清醒的时候,有些心理现象也是无意识的。人能意识到自己听到或看到了什么,但对听觉和视觉的过程却意识不到;人能有意识地记住自己工作的地点,也能无意识地记住大街上看见的一些建筑物。人的某些动作方式如写字起初可能受到意识的调节,但在多次反复后,便可转化为自动化的、无意识现象,这时,人只觉知到自己写的内容,而觉知不到每个字笔画书写动作本身。在人际交往中,某种意识不到的、潜移默化的影响也是存在的。

在人的正常生活中,大多数心理活动是在意识的支配下进行的,也存在无意识现象,它对人的行为也有重要作用。只有精神错乱、大脑损伤的病人,他们的行为才失去意识控制,而完全为无意识的欲望所支配。无意识现象也是心理学的重要研究对象。

人的心理活动与行为受其生物学特征(如大脑)与环境的性质(如社会文化)所限制,必然受到生物学规律的支配与社会文化的影响,心理学需要从自然科学角度与社会科学角度来探讨行为和心理活动的规律,因此兼有自然科学和社会科学的双重性质。无论是从自然科学角度还是从社会科学角度,心理学研究的基本任务都是探索心理现象的事实、本质、机制和规律,具体来说,包括描述和测量、解释和说明、预测和控制三个方面。

人类的一切心理活动都是由人的神经系统及神经系统调节下的内分泌系统经过一系列极其复杂的生理变化来实现的,生理机构是心理活动的物质基础。神经系统包括中枢神经系统和周围神经系统。中枢神经系统包括脑(大脑、小脑、脑干、间脑)和脊髓;周围神经系统包括脑神经、脊神经、内脏神经等。大脑是脑最前的部分,是中枢神经系统的中心,占脑总体积一半以上,重量为脑总重量的 60% 左右,中间有一沟裂,将大脑分为两个半球,左右半球有明显分工(1981 年提出),左半球支配词语、数学、逻辑、分析、推理、符号等,是抽象思维中枢;右半球支配想象、节奏、颜色、音乐、空间位置等,掌管着人们感情方面的事情,是形象思维中枢。小脑位于大脑的下方,分成左右两个半球,主要功能是协助大脑控制肌肉的运动,调节身体的平衡和姿势。

2.消费心理学

消费心理学是应用心理学,其研究的对象是消费者心理活动的产生、变化的规律以及营销活动与消费者心理之间的关系。

人作为消费者在消费活动中的各种行为无一不受到心理活动的支配。例如,消费者购买决策的内容,是否购买某种商品,购买何种品牌、款式的商品,何时、何处购买,采用何种购买方式,以及怎样使用等,其中的每一个环节、步骤都需要消费者做出相应的心理反应,进行分析、比较、判断和决策。这一过程中消费者所有的表情、动作和行为,都是复杂的心理活动的自然流露。所以说,消费者的消费行为都是在一定心理活动支配下进行的,消费者心理是消费者行为的基础。

(二)消费者行为

消费者行为是指消费者从事购买的行动,是以消费者的心理活动为基础的行为。

美国市场营销学会(AMA)把消费者行为定义为:"感知、认知、行为以及环境因素的动态互动过程,是人类履行生活中交易职能的行为基础。"在这一定义中,至少包含了三层重要的含义:消费行为是动态的;它涉及了感知、认知、行为及以环境因素的互动作用;它涉及了交易。

1.人的行为

心理学研究人的行为规律,目的是要揭示人的心理活动规律,因为人的行为与人的心理活动是密不可分的,对人的心理活动的探知必须开始于对人的外显行为的观察。

行为指机体的任何外显的、可观察的反应动作或活动,如说话、攻击、散步等,广义上说,行为还包括机体的生理现象,如任何部位肌肉的活动,甚至神经系统的活动。有些行为很容易被观察到,如写字、驾车等,有些行为则需要很复杂的方法和装置才能被观察,如通过脑电仪观察脑电波。各种类型的心理学家们是在不同的水平上研究行为,有的关注神经细胞的行为或汗腺的行为;有的则关注更高水平的行为,如攻击性或解决问题的行为。

人的行为受其心理活动支配,人的心理活动是在头脑内部进行,不能加以直接观察或度量,但往往有一定的外部表现。例如,一个人的哭或笑的行为是由其悲伤或快乐的心理活动支配产生的,所以通过对人的行为的观察和描述,我们可能探讨其内部心理活动。反过来,人的心理活动是在行为中产生,又在行为中得到表现的。一个人哭,是因为受到了打击或失去了所爱而产生了悲伤心理;一个人笑,是因为他在学习中取得了成功或得到了满足而产生了快乐心理。所以通过在一定条件下对人的行为的系统观察和分析,我们可以探讨人的心理活动的原因。

人的行为非常复杂,人行为的复杂性正是由心理活动的复杂性引起,具有不同生理条件和社会条件的人,其心理活动有很大的不同,对同一件事情的行为反应也就不一样。例如,两人看见桌上半瓶酒,一人说:"只有半瓶了!"另一人却说:"还有半瓶呢!"显然,前者心理具有悲观倾向,后者心理具有乐观倾向。即使是同一个人在不同的时间对同一件事情的行为反应也可能不同。例如,同一个人,无论其一贯悲观还是乐观,在不同时机对桌上半瓶酒可能做出不同反应,如果他正与老友共饮,正在酒兴之上,面对所剩的半瓶美酒,他可能会说:"只有半瓶了!"从而加倍珍惜这半瓶酒,细细地品味这半瓶酒。但是,如果他在酒席宴上,被人劝酒而喝得半醉,面对必须喝完的半瓶残酒,他可能面有难色地说:"还有半瓶呢!"但他的心理活动及其外显行为都受多种共同规律制约,例如,都存在相同的对酒以及喝酒情境的感知、理解过程,情绪体验的引发过程,根据认识和情绪体验做出反应的过程等。由于人的内在心理与外显行为之间存在相互依存、相互影响的关系,所以通过对人的外显行为进行系统的观察、描述、测量以及分析,我们可以揭示人的心理活动的规律,在这个意义上,心理学也被认为是研究行为的科学。

2.消费者行为学

消费者行为学是指研究消费者购买心理和行为的一门科学。20 世纪初诞生于美国。1901 年,美国心理学家斯科特首次提出,在广告宣传中要运用心理学,他在 1903 年出版了《广告论》一书,开创了把心理学引入消费者研究的先河。1960 年,美国心理学会成立了"消费者心理学分会",并创办了《广告研究》杂志,以推动消费者行为学的研究。1974 年,美国又创办了《消费者研究》杂志,消费者行为学地位得以确立。消费者行为学伴随着行为科学对营销的介入而产生。

消费者黑箱又称购买者黑箱,是指消费者在受到外部刺激后所进入的心理活动过程。由于它对企业来说是一种看不见、摸不着、不透明的东西,故称之为消费者黑箱。对于企业来讲,对消费者购买行为的分析和研究最重要的恰恰是对消费者黑箱中发生情况的分析和研究,以便安排适当的"营销刺激",使消费者产生有利于企业的反应。消费者黑箱中包括两个主要方面内容。

第一是消费者特性,包括了消费者的认知过程、动力倾向和个性特征。

消费者特性会影响消费者对外界刺激的反应。

消费者受外界的刺激主要有两个方面。一是企业所组织的营销刺激,这些因素均是可控制的,它们对购买者的"黑箱"产生直接而具体的影响;二是社会环境刺激,即社会的文化、政治、经济等,这些因素往往是企业不可控制的因素,它们引起或制约着消费需求。

第二是消费者行为过程,它直接决定了消费者的选择。消费者反应是外部刺激进入消费者"黑箱"后,消费者对产品、品牌、经销商、购买时间、购买数量的选择,以满足其消费的需要,其间消费者要回答购买什么、为何购买、由谁购买、何时购买、何地购买、如何购买等问题。

根据刺激—反应原理,消费者行为反应过程是:外部刺激影响(企业营销及外部环境)—消费者黑箱(内部影响与消费者行为过程)—消费者反应(产品选择、品牌选择、经销商选择、购买时机与数量)(图 1-2)。

外界刺激		消费者黑箱		消费者反应
企业营销	环境因素	消费者特性	消费者行为过程	
产品 价格 分销 促销	文化 政治 经济 自然	心理过程 动力倾向 个性特征 社会因素	问题认知 搜集信息 评价选择 购买决定 购后评价	产品选择 品牌选择 卖主选择 时间选择 数量选择

图 1-2 外界刺激与消费者反应模式

有国外营销专家把消费者行为分为 5W 和 1H,相对应的就有 6 个 O,从而形成了消费者行为研究的基本框架。

市场需要什么(What)——购买对象(Objects)是什么。通过分析消费者希望购买什么,为什么需要这种商品而不是需要那种商品,研究企业应如何提供适销对路的产品去满足消费者的需求。

为何购买(Why)——购买目的(Objectives)是什么。通过分析购买动机的形成(生理因素和心理因素的共同作用),了解消费者的购买目的,采取相应的营销策略。

购买者是谁(Who)——购买者(Occupants)和购买组织(Organizations)是什么。分析购买者是个人还是组织,购买的产品供谁使用,谁参与了购买。根据分析,组合相应的营销策略。

何时购买(When)——购买时间(Occasions)是什么。分析购买者对特定产品的购买时间的要求,把握时机,适时推出产品,如分析自然季节和传统节假日对市场购买的影响程度等。

何处购买(Where)——购买地点(Outlets)是什么。分析购买者对不同产品的购买地点的要求,如消费品种是方便品,消费者一般要求就近购买,而选购品则要求在商业区(地区中心或商业中心)购买,可以一边挑选对比,一边购买。特殊品往往会要求直接到企业或专业商店购买等。

如何购买(How)——购买行为(Operations)是什么。分析购买者对购买方式的不同要求,有针对性地提供不同的营销服务。在消费者市场,分析不同类型消费者的特点,如经济型购买者对性能和廉价的追求,冲动性购买者对情趣和外观的喜好,手头拮据的购买者要求分期付款,工作繁忙的购买者重视购买方便和送货上门等。

由于消费者心理支配消费者行为,研究消费者心理就等于研究消费者行为,又由于消费者行为受消费者心理支配,研究消费者行为必须研究消费者心理。所以,在实际应用中,消费者心理与消费者行为可以不加区别,也可合起来称为“消费者行为”并作为学科名称,即称为“消费者心理学”或“消费者行为学”都是可行的。不过,由于研究消费者心理的目的归根结底是为了把握消费者行为,所以,以后者作为学科名称的做法更加普遍。

消费者行为学充分借鉴了心理学、市场营销学等多门学科的理论知识,再结合广告、营销实践,运用科学的研究方法,从作为个体的消费者和作为社会环境下的消费者等多个角度对消费者的心理和行为规律进行大量的分析,包括理论上的拓展和实践上的深入。正因为它的多学科的理论基础和与实践的紧密结合,使它成为广告、市场营销、管理等专业的非常重要的一门学科知识,也使实践中的企业等组织和相关管理者有了相应的理论指导工具。

二、消费者心理与行为的研究对象

(一)消费心理

消费心理是指消费者在购买、使用、消费商品及劳务的过程中反映出来的心理态势及其规律,是消费者发生的一切心理活动,以及由此推动的行为动作,包括消费者观察商品、搜集商品信息、选择商品品牌、决策购买、使用商品形成心理感受和心理体验、向生产经营单位提供信息反馈等。心理活动是人脑对客观事物或外部刺激的反映,是人脑所具有的特殊功能。消费者在消费过程中的偏好和选择,各种不同的行为方式无一不受其心理活动的支配,例如,消费者是否购买某种商品,购买哪种品牌款式,何时何地购买,采用何种购买方式,以及怎样使用等,都和不同消费者的思想、情感、气质、性格、价值观念、思维方式以及相应的心理反应密切相关。

消费者心理具有较强的目的性,即表现为消费者以满足消费需要、实现消费动机、得到期望的消费体验为目的。消费者心理具有明显的自觉性,任何购买行为是在人们自觉地支付了相应的货币之后才能实现的。心理活动本身的复杂多样性也决定了消费者心理具有复杂多样性。当消费者满足一种消费需要、实现一种消费动机的时候,为了得到更加满意的消费效果而对另外的商品产生消费需要和消费动机,表现出消费者心理的关联性。消费者心理还会随着消费者自身背景、社会环境、家庭状况等方面的变化而变化发展。

(二)消费者行为

恩格尔将消费者行为定义为,为获取、使用、处置消费物品所采取的各种行动,以及先于且决定这些行动的决策过程。莫温认为消费者行为是购买单位在获取、消费和处置商品时发生的交换过程。所罗门则认为消费者行为是指一系列过程,这一过程是由于个人或团体在选择、购买、使用或处置商品、服务、计划和体验以满足其需求和欲望时所引起的。美国市场营销学会(AMA)把消费者行为定义为"感知、认知、行为以及环境因素的动态互动过程,是人类履行生活中的交易职能的行为基础"。在这一定义中,至少包括三层含义:①消费者行为是动态的;②它涉及感知、认知、行为以及环境因素的互动作用;③它涉及交易,企业通过系统的制定和实施营销战略,实现与消费者的交易。

消费者行为是在人类行为这个大背景下提出来的,是与市场相联系的人类行为。作为一般人类行为反映到消费领域,其主要特点有:①偏好和能力的多样性。由于地理、人口、心理和行为的差异,人们的偏好是多样的,消费能力也是参差不齐的。尽管经济学家对人的偏好能否得到显示以及如何显示存在争议,但对偏好和能力的多样性是基本肯定的。②有限理性。西蒙把它描述为"有达到理性的意识,但又是有限的"。人们在消费活动中总是力争做到有理性,但由于环境因素和自身能力的制约,他们不可能知道关于未来活动的全部备选方案,不可能将所有的价值考虑到统一的、单一的综合性效用函数中,也无力计算出所有备选方案的实施后果。③追求自身利益最大化。消费者利用尽可能少的花费购买尽可能多的消费品,最大限度地满足自己的需要,达到消费的均衡。

(三)两者的关系

消费者心理与行为均以消费者在消费活动中的心理和行为现象作为研究对象。消费行为则是消费者在一系列心理活动的支配下,为实现预定的消费目标而做出的各种反应、动作、活动和行动。从这两个概念的历史发展过程看,主要区别在于心理与行为这两个概念的内涵上。在心理学的发展历史中,曾经出现过把人的心理(主要是指人的意识)与人的行为分别看待的现象,但是这已经成为了历史。心理与行为是每一个具体的人所思所想、所作所为的两个方面,两者在范围上有一定的区别,但更主要的是两者有不可分割的联系。心理和行为,用来描述人的内外活动时,较为习惯的做法是:把"心理"这个概念主要用来描述人的内部活动,但心理活动不仅仅指人的内部活动,也包括一部分外部活动,如人的表情等;"行为"这个概念主要用于描述人的外部活动,但人的任何外部行为是发自于内部的心理活动。

人的消费活动不是一种简单的机械行为,而是表现为某种需要的行为冲动,这种行为冲动总是在不同心理、社会诸多因素的影响下产生、发展和变化,一般来说,人的消费行为往往出于两种心理的支配:一种是本能性消费心理,主要由人的生理因素所决定,属于自然状态下的心理反应。例如人们饥则食,渴则饮的行为,就是以消费者生理因素为基础的一般现象,本能性消费心理的反映强度和表现方式又取决于不同消费者的个性因素,如消费者的气质、性格、意志和能力。另一种支配人们的消费行为的是社会性消费心理。社会性消费心理即消费心理的社会性是指由人们所处的社会环境因素决定的心理需要,它是随着社会经济的发展而不断发展、变化的,它使人类的消费活动由简单的满足生理需要,变为具有特定含义的社会行为,并且在内容和质量上不断提高。例如人们对服装的要求从最初的遮羞御寒到现在赋予其服饰文化、个人身份地位表现的内涵,并且加进了流行、时尚的诸多元素。

本能性消费心理表现为基础的、初级的心理活动,它是人类心理活动的自然流露与反映,社会性消费心理是在本能性消费心理的基础上发展的人类较高级的心理需求,它是以社会政治、经济、文化的进步为前提的。在社会政治、经济、文化飞速发展,人们生活水平不断提高的今天,在人们的消费活动中,本能性消费心理反应越来越被社会性消费心理活动所掩盖,从对人们消费行为的影响来看,社会性消费心理成为影响和支配人们消费行为的主要因素。

三、消费者心理与行为的研究内容

消费者心理与消费行为研究,是以消费者心理与消费行为的各种影响因素为主要内容的。

现实生活中,消费者的消费行为受到各种纷繁复杂的因素影响。

美国社会心理学家库尔特·卢因在大量试验的基础上,提出了卢因行为模型。借鉴卢因的研究成果,可以将影响消费者行为的诸因素分为两大类：个人内在因素和外部环境因素。这两大类因素之间相互联系，相互作用，共同构成了影响消费者的消费行为的因素体系。在一定意义上，消费者的心理与消费行为即是消费者个人因素与外部环境因素交互作用的结果及产物，其消费行为方式、指向和强度主要受消费者个人内在因素与外部环境因素的影响和制约。

影响消费行为的个人内在因素具体包括消费者的生理因素与心理因素，而外部环境因素又可进一步区分为自然环境、经济环境和社会环境等因素。

在消费者心理与消费行为的内部影响因素中，通常侧重于消费者的心理因素方面进行研究。其主要内容有消费者的一般心理活动、个性心理特征、需要与动机、购买行为与决策过程等。

对于消费者心理与消费行为的外部影响因素，则分别从自然环境、经济环境、社会文化、社会阶层、参照群体、家庭等外部环境因素的角度，分析这些外部因素对消费者心理与消费行为的影响。

四、消费者心理与行为的研究意义

对消费者心理与行为的研究是商品经济发展的产物，具有明显的科学性和社会性。了解消费者的心理和行为能够帮助企业的经营管理者进行经营决策，为营销研究人员提供分析消费者的知识基础，帮助法规制定者制定有关产品和服务的购买，以及销售的法律规章等。因此，加强这一领域的研究，有助于实现消费者的消费需求，有助于加强企业的经营管理，并提高企业的服务水平，有助于促进对外贸易的发展。具体来说，有以下几个方面的意义。

(一)是企业营销管理的基础

菲利普·科特勒把市场营销定义为个人或组织通过创造，并同他人或组织交换产品和价值，以获得其所需求之物的一种社会活动过程。人们普遍认识到营销是一种旨在通过人们的交换过程来满足需求的人类行为，由此可以看出了解消费者的重要性。企业要努力满足目标市场和目标顾客的需求，就必须对影响消费者需求的因素有所了解。

"顾客至上"是企业营销的核心思想，因此消费者应成为营销工作的中心。社会的运转越来越依赖于信息技术，对有关消费者需求信息的关注也变得越来越重要。企业只有按市场的需求来生产适销对路、符合消费潮流、适应消费者消费水平的商品，才能在激烈的市场竞争中占据优势，取得良好的经济效益。

(二)有助于提高宏观经济决策水平,促进国民经济发展

消费者心理与行为的变化会直接引起市场供求状况的改变,从而对国民经济产生影响。它不仅影响着市场上的商品流通和货币流通的规模、速度及储备状况,而且对生产规模、生产周期、产品结构、产业结构、劳动就业、对外贸易、财政金融等各个方面都带来影响。为了保证国民经济稳定、协调发展,国家在进行宏观调控时,必须高度重视对消费者心理与行为的研究,尤其在与消费者利益密切相关的税收、利率等的调整方面,应该预先对消费者的心理承受能力、心理预期倾向及消费行为反应的方式、强度和持续时间等进行系统的调查和准确的分析预测,根据预测结果制定和调整决策方案。

在消费者心理与宏观政策的制定方面,还应该对消费者的不当行为进行研究。研究消费者不当的心理与消费行为,包括错用产品、从事可能增加他们财产风险及威胁其生命安全的行为。通过了解造成消费者心理与行为不当的原因,如人们冲动购买和消费非法物品的原因,来使政策的制定者最大可能地制定和贯彻政策和法律法规来造福社会。

(三)有助于消费者提高自身素质,科学地进行消费决策

消费者是消费活动的主体,消费活动的效果如何,更多地取决于消费者个人的决策水平和消费行为方式,而不仅仅受社会经济发展水平、市场供求状况及企业经营活动的影响。消费者的决策水平和消费行为方式又与消费者自身的心理素质有着直接的内在联系。

在现实生活中,消费者由于商品知识的不足、认知水平的偏差、消费观念的陈旧、信息筛选能力低下等原因,造成决策失误、行动盲目、效果不佳,甚至利益受到损害的现象屡见不鲜。而且消费者的个性特点、兴趣爱好、认知方法、价值观念等,都会在不同程度上对消费决策的内容和行为方式产生影响,进而影响消费活动的效果及消费者的生活质量。因此,从消费者的角度而言,加强对消费者心理与行为的研究是十分必要的。通过传播和普及有关消费者心理与行为的理论知识,可以帮助消费者正确地认识自身的心理特点和消费行为规律,以增强广大消费者的心理素质,提高他们的消费水平,使其消费行为更加合理。

在丰富多彩的商品世界中,流行时尚变化多端,外来生活方式不断冲击,盲目模仿、攀比消费、挥霍消费等常见的不良消费心理和行为现象在部分消费者中间出现和蔓延,这些现象反映出了部分消费者的素质较低。因而加强对消费者心理与行为的研究有着很强的必要性,分析这种消费者心

理与行为的成因,建立基本的消费标准与模式,一方面促使消费者自动纠正心理偏差,改善消费行为,实现个人消费的合理化;另一方面利用示范效应、群体动力效应等社会心理机制,影响各个消费者群体,引导社会消费向文明、适度的方向发展。

(四)有助于开拓国际市场,增强企业的国际竞争力

随着全球经济一体化进程的加快,越来越多的企业自觉或不自觉地参与到国际经济活动中,加入国际市场的竞争。通过对不同国家、地区、民族的消费者在消费需求、习惯、偏好、道德观念、文化传统和风俗民情等方面的差异和特点的研究和了解,对世界消费潮流的变化趋势进行分析预测,并在此基础上确定国际市场的营销策略,使产品在质量、性能、款式、包装、价格、广告宣传等方面更符合东道国的特定消费者的心理特点,这可以帮助企业在国际市场上获取较强的竞争力。因此,加强对消费者心理与行为的研究,对于我国进一步开拓国际市场,增强国际竞争力具有十分重要的意义。

五、消费者心理与行为的研究方法

方法是人们研究解决问题、实现预期目标所必需的途径和手段。研究消费心理与行为,如果方法正确,就能收到事半功倍的效果。消费心理与行为是一门研究人的心理与行为活动的科学,是与社会科学、自然科学和哲学密切联系的科学。因此,研究消费心理与行为离不开社会实践、自然科学原理和哲学方法。由于消费心理与行为的研究对象是营销活动中的心理与行为现象和心理与行为规律,具有一定的特殊性,这就决定了其研究方法的特殊性。它不能像许多自然科学那样,借用精密的仪器和测量工具,制造一个典型的环境,进行科学观察和试验,测定数据,进行精确计算,最后得出研究结论。消费心理与行为的研究只能在马克思主义唯物辩证法指导下,运用心理学、社会学等人文科学所使用的方法,即主要通过社会调查的方法、社会统计分析的方法,科学地概括出消费心理与行为发生和变化的理论和规律。人是万物之灵,人的消费心理具有复杂性、多样性、多变性,因而根据消费心理与行为所研究问题的性质、内容的区别,其采用的方法也各不相同,研究消费心理与行为,通常要采用以下几种方法。

(一)观察法

观察法是科学研究中最一般、最简易和最常用的研究方法,也是研究消费心理与行为的一种最基本方法。是指在购买现场或日常消费活动中,有目的、有计划地观察消费者的动作、表情、语言等方面的外部表现,并把观察

结果按时间顺序记录下来,然后分析其原因和结果,从而揭示消费者心理活动规律的方法。

自然观察法就是研究者依靠自己的感觉器官,有目的、有计划、主动地观察研究对象在营销活动中的言语、行动、表情等行为,并把观测结果按时间顺序系统的记录下来,然后分析其原因与结果,从而揭示其心理与行为活动规律的研究方法。这种观察,既可以凭借人的视觉器官直接对事物或现象进行感知或描述,也可以利用仪器或其他现代技术手段间接进行观察。这种方法的优点是比较直观,观察到的材料比较真实、可靠,这是由于被观察者是在没有任何外界影响,没有受到任何干扰的情况下做出行动的,其行为是其心理活动的自然流露。其不足之处是有一定的片面性、局限性和被动性,观察的材料本身有一定的偶然性。

自我观察法就是把自身确定为研究对象,将自己摆在营销活动的某一位置上,充当消费者或营销人员,根据自己的生活体验或工作经历,设身处地去感受消费者或营销人员的心理与行为变化,从而分析研究营销活动中的心理与行为变化规律。

观察法主要用于研究消费者现时行为,如广告、商标、包装、橱窗、柜台等的设计效果,消费者对价格反应、品牌及新产品的被接纳程度等方面,均可取得较好的成果。

(二)问卷法

问卷法是通过研究者事先设计的调查问卷,向被研究者提出问题,并由其予以回答,从中了解被研究者心理与行为的方法。这是研究消费心理与行为常用的方法。根据操作方式,问卷法可以分为邮寄问卷法、入户问卷法、拦截问卷法和集体问卷法等。

邮寄问卷法是通过邮政方式进行的。不受地理条件限制,到达范围十分广泛,被研究者填答问卷的时间比较灵活,回答问题也比较真实可靠。入户问卷法是研究者或访问员依据抽取的样本挨家挨户上门访问。要求受访者对每一个问题做出回答,访问员当场做好记录。也可以由访问员挨家挨户发放问卷后就离去,由受访者自行填写,过时再收回问卷。拦截式问卷法是由访问员于适当地点,如商场出、入口处等,拦住适当受访者进行访问。集体问卷法是由研究者对一群人同时进行访问,它适合于受访者相对集中的情况。

问卷法调查研究,不是以口头语言传递信息,而是通过文字传递信息。其优点是能够同时取得很多被研究者的信息资料,可以节省大量调查时间和费用,而且简便易行。但问卷法也有其局限性,主要是它通过文字语言为媒介,研究者与被研究者没有面对面交流,无法彼此沟通感情;如果受访者没有理解问题,或是不负责任的回答,甚至不予协作,放弃回答,问卷结果就失去了意义。

(三)实验法

心理实验法是指有目的严格控制,或者创造一定条件来引起个体某种心理活动的产生,以进行测量的一种科学方法。它又可分为实验室实验法和自然实验法两种形式。

实验室实验法是在人为的情况下严格地控制外界条件,在实验室内借助于各种仪器和设备进行研究的方法。这种方法所得的结果一般准确性较高,但只能研究营销活动中比较简单的心理与行为现象,例如商业广告心理与行为效果的测定等。

自然实验法是在营销活动的实际中,有目的地创造某些条件或变更某些软件,给研究对象的心理与行为活动一定的刺激或诱导,从而观察其心理与行为活动的方法。这种方法具有主动性的特点,即可研究一些简单的心理与行为现象,也可研究人的个性心理与行为特征,应用范围比较广泛。

与观察法相比,实验法的研究设计与操作难度相对较大,对设施、设备的要求也比较高,所需人力物力也比较多,因而花费的代价也比较大。

(四)投射法

投射法是研究者以一种无结构性的测验,引出被试者的反应,借以考察其所投射出的人格特征的心理测验方法。也就是说,投射法不是直接对被试者明确提出问题以求回答,而是给被试者一些意义不确定的刺激让其想象、解释,使其内心的动机、愿望、情绪、态度等在不知不觉中投射出来。消费心理与行为学研究常用的投射法主要是主题统觉测试、角色扮演法、造句测试法、漫画实验法。

主题统觉测试法让被试者看一些内容模糊、意义模棱两可的图画,让被试者看图并编一段故事,并加以解释,依此来掌握消费者的购买动机。由于主题统觉图本身没有特定含义,让消费者把它的"意义"讲出来,往往就会把消费者的性格结构强加在图上,即把"意义"投射到这些图上,测试者就可以根据消费者对图画的解释,判断其内心的活动,掌握消费者的潜在购买动机。

角色扮演法就是让被试者扮演某个角色,然后以这个角色的身份来表明对某一事物的态度或对某种行为做出评价。例如,将一幅绘有一家庭主妇面对各种罐头食品陈列架的图片出示给被测试者,要求其说出图中主妇的购买想法。由于被测试者不知道图上的人到底在想什么,往往根据自己的想象和愿望,说出图上该家庭主妇的想法。其回答,无疑是反映了被测试者本人的想法。

造句测验法是由研究者提出某些未完成的句子,要求被试者填上几个字,将句子完成。例如,"＿＿牌电视剧最受欢迎""＿＿牌西服最潇洒""假如买空调,应该选择＿＿牌""口渴时最想喝的饮料是＿＿"等等。研究者通过被测试者填写的内容,可推知其爱好、愿望和要求,从而了解消费者对某商品的评价和看法。

投射法能够探究到人的内心世界和潜意识,从而得到有价值的心理活动资料。但投射法技术性很强,实际操作的难度也较大。

(五)访谈法

访谈法是研究者通过与研究对象直接交谈,在口头信息沟通过程中研究消费者心理与行为状态的方法。此方法主要用于对消费者心理与行为的研究。访谈法依据与受访者接触的不同方式,又可分为面对面访谈和电话访谈两种形式。

面对面访谈法又可分为结构式访谈和无结构式访谈两种。结构式访谈又称为控制试访谈,是研究者根据预定目标,事先撰写好谈话提纲,访谈时依次向受访者提出问题,让其逐一回答。这种访谈组织比较严密,条理清楚,研究者对整个谈话过程易于掌握,所得的资料也比较系统。但由于受访者处于被动地位,容易拘束,双方感情不易短时沟通。无结构式访谈也称自由式访谈,这种方式下研究者与受访者之间可以比较自然地交谈。它虽有一定的目标,但谈话没有固定的程序,结构松散,所提问题涉及的范围不受限制,受访者可以较自由地回答。这种方式受访者比较主动,因而气氛较活跃,容易沟通感情,并可达到一定的深度。但这种方式费时较多,谈话进程不易掌握,对研究者的访谈技巧要求也比较高。

电话访谈法是借助电话这一通信工具与受访者进行谈话的方法,它一般是在研究者与受访者之间受空间距离限制,或受访者难于或不便直接面对研究者时采用的访谈方法。电话访谈是一种结构式的访谈,访谈内容要事先设计和安排好。

访谈法的优点是一般较容易取得所预期的资料,准确性高。但此方法所耗费用较多,对进行访谈的人员的素质要求也比较高。

六、消费者心理与行为的演进和发展

(一)消费者心理与行为学科产生的社会历史背景

人们对消费者心理与行为的重视和研究是随着商品经济的发展而逐步加深的。在小商品经济时代的历史条件下,生产力水平低下,可供交换的剩余产品数量有限,市场范围相当狭小,生产者和商人无须考虑如何扩大商品销路即可生存并取得适当利益。客观而言,他们并没有研究消费者心理与行为的需要。

以工业革命为标志的资本主义生产方式的确立,为商品经济的发展提供了巨大的机会,但由于机器大工业的体系还没有形成,生产的社会化程度较低,商品的供应总量远远低于需求总量,社会商品供不应求。因此,企业在生产经营中无须因担心产品的销路而考虑消费者的需求,有关消费者心理与行为的问题也没有引起人们应有的重视。

19 世纪末 20 世纪初,随着机器大工业生产体系的确立和生产的社会化程度的提升,生产力水平快速提高,劳动生产率迅速上升,产品的数量大幅度增加,资本主义经济进入繁荣发展的阶段,此时,市场的有限性使得企业生产经营的关键在于其产品的市场销售状况。许多企业开始把注意力转向寻求开拓市场的途径,了解消费者需求、引起消费者对商品的兴趣和购买欲望、促成消费者的购买行为已成为他们关注的重点,这就促进了对消费者心理与行为的专门研究。

必须说明的是,该时期心理学的发展也为消费者心理与行为研究的产生提供了可能性。从 19 世纪末德国心理学家威廉·冯特创立第一个心理实验室开始,心理学领域便出现了众多的流派,如结构学派、功能学派、行为学派等。各种学术观点促成了认知理论、学习理论、态度改变理论、个性理论、心理分析方法等各种理论和方法的创立。这些理论和方法为消费者心理与行为的研究奠定了科学的基础。

随着理论研究的不断深入,许多心理学研究者不满足于纯学术研究,纷纷把目光投向工业、军事、教育、医学等社会领域,尝试运用心理学的理论和方法来解释与指导人们的社会实践活动。美国心理学家沃尔特·D·斯科特提出将心理学应用到广告活动之后,他将有关理论进一步系统化,出版了《广告心理学》一书,开辟了消费者心理与行为研究的先河。在以后的很长一段时间,美国的许多心理学家根据当时的经济形势的需要,积极从事有关消费问题的各项心理与行为的研究与实验。

从这一历史演进过程中我们可以看出,消费者心理与行为的产生,一方面是商品经济和生产力发展的客观要求；另一方面也是心理学等相关学科日益扩展深化的产物。

(二)消费者心理与行为的学科化和发展

20 世纪初以来,市场结构和企业营销观念的变化推动和促进了消费者心理与行为的研究,使其经历了不断丰富、发展和完善的过程。

20 世纪 20 年代以前,在物资紧缺、商品供不应求的卖方市场形势下,"生产观念"主导着多数企业从事以生产为中心的经营活动。他们认为,消费者欢迎那些可以买得到和买得起的产品,企业只需集中精力发展生产,增加产量,降低成本,就不愁产品卖不出去,无须对产品进行推销。受这一思想的束缚,该时期关于消费者心理与行为的研究进展缓慢,仅仅局限于有关广告心理的零散实验与调查,研究成果也微乎其微。

此后直至第二次世界大战,资本主义国家进入了由"卖方市场"向"买方市场"的过渡阶段。面临产品积压、销售不畅的困境,大多数企业都从"重生产、轻销售"的传统思想转而遵从"推销观念",即认识到企业若采取适当的推销措施,消费者就可能会购买更多的产品。这一观念驱使越来越多的企业求助于广告宣传和其他推销手段,努力探索如何引起消费者的兴趣,争取潜在消费者。为适应企业界的这一需求,有关学者也开始了对消费者心理的系统研究,并首先在广告心理和销售心理方面取得进展。一些心理学家运用心理学原理系统来研究广告设计和手段对消费者的影响。例如,采用何种版面设计、色彩、插图和文字可以更好地引起消费者的注意?广告应该刊登在杂志的前半部分还是后半部分?同时就各种不同形式的广告对消费者的说服、记忆效果等进行了实验比较。还有一些学者围绕着推销人员的心理素质,就如何针对消费者心理特点进行推销等问题进行了探讨。1929年的全球性经济危机进一步推动了理论界对消费者需求、消费者心理、消费趋势等课题的研究,并利用多种方法对消费者需求进行市场调查。由此,一个多侧面、多角度研究消费者心理与行为的趋势逐步形成,并为第二次世界大战后这一研究领域的全面发展奠定了基础。

第二次世界大战以后,以美国为首的资本主义国家相继进入了发达阶段。随着战争的结束和社会、经济、科学的飞速发展,生产技术不断创新,以产品供过于求、卖方竞争激烈、买方处于优势地位为特征的"买方市场"全面形成。为在"买方市场"的环境中扩大销售,增加盈利,企业纷纷转向奉行"市场营销观念",即以消费者及其需求为中心,集中企业的一切资源和力量,千方百计满足顾客的需要。在经营方式上,企业也由以产定销转为以销定产。这些趋势推动了消费者心理与行为研究的全面展开,最初取得进展的是关于消费动机的研究,一些心理学家尝试把心理分析理论和心理诊疗技术应用于研究中,试图提示出隐藏在各种购买行为背后的深层动机。这一时期,一些工程师、制造商在新产品研制过程中发现,产品的外观、造型、性能等对消费者心理有重要影响。为此,他们运用心理学中有关知觉的理论和方法,开展了"新产品初步设计研究""产品定位研究"等,从而为消费者心理与行为研究开辟了一个新的领域;在消费需求调查方面,社会学、社会心理学等有关理论和概念被相继引入,由此推动了一些新的研究的发展,如社会群体、社会阶层、家庭结构等对消费者心理与消费行为的影响,意见领袖在新产品推广中的作用,信息传递中群体的影响等。

进入 20 世纪 60 年代以后,随着市场的高度繁荣和人们收入水平的提高,消费者的心理与行为趋向复杂,企业间争夺消费者的竞争空前激烈,对消费者心理与行为的研究也进入蓬勃发展的阶段。1960 年,美国心理学会成立了消费心理学科分会,标志着消费者心理与行为作为一门独立的学科正式诞生。心理、经济、法律等各界人士又共同成立了顾客研究会,一些学者就态度因素、个性特点和消费者心理与行为的关系开展研究,进一步拓宽了消费者心理与行为的研究范围。

(三)消费者心理与行为研究的现状和发展趋势

20 世纪 70 年代以来,随着前人研究成果的不断归纳、综合和趋于系统化,有关消费者心理与行为的研究进入全面发展和成熟阶段,并开始形成独立的学科体系。随着相关的研究机构和学术刊物的不断增多,除大学和学术团体外,美国等发达国家的一些大公司也纷纷设立研究机构,专门从事消费者心理与行为的研究。有关消费者心理与行为理论知识的传播范围也日益广泛,并且越来越受到社会各界的高度重视。综观近年来消费者心理与行为的研究现状,可以发现如下新的发展趋势。

1.研究角度趋向多元化

目前,人们已经不再从商品生产者和经营者的单一角度研究消费者心理与行为,关注点集中在帮助工商企业通过满足消费需求来扩大销售,增加盈利。这种单一局面被打破之后,许多学者开始把消费者心理与行为与更广泛的社会问题联系在一起,从宏观经济、自然资源、环境保护、消费者利益、生活方式等多种角度进行研究。

2.研究参数趋向多样化

在消费者心理与行为的早期研究中,主要是利用社会学、经济学的有关概念作为基础,根据年龄、性别、职业、家庭、收入等因素来解释各种消费者心理与行为的差异。随着研究的深入,需要、动机、个性、群体、社会规范、人际沟通等与心理因素和社会因素有关的内容被大量引入。当前,由于社会环境的变化和消费者自身素质的提高,消费者心理与行为比以往的任何时期都更为复杂,已有的研究内容已经很难对某些现象做出全面的解释,如为什么像日本这样富裕国家的国民仍崇尚节俭,储蓄率居高不下,而相对应的美国的国民却热衷于借债消费。为准确把握日益复杂的消费行为,研究者开始引入历史、文化、地理、民族、道德传统、价值观念、信息化程度等一系列新的变量。新变量的引人为消费者心理与行为研究的多样化提供了可能性,同时也使参数变量更加丰富多样。

3.研究方法趋于定量化

单纯对某一消费现象进行事实性记述和定性分析显然是不够的,当代学者越来越倾向于采用定量分析方法,运用统计分析技术、信息技术、运筹学、动态分析等现代科学的研究成果,从因果关系、相关关系及数量上来揭示各变量之间的内在联系。定量分析的结果使建立更加精确的消费者心理与行为模型成为可能。而各种精确模型的建立又进一步推动了对消费现象的质的分析,从而把消费者心理与行为的研究提高到了一个新的水平。

此外,近期的消费者心理与行为研究在内容上更为全面,在理论分析上更加深入,其学科体系趋于完善,研究成果在实践中得到越来越广泛的应用。

第二章　消费者的心理活动过程

第一节　消费者的注意、感觉和知觉

一、消费者的注意

(一)注意的概念

注意是消费者获得商品信息的先决条件,并且与其他的心理活动紧密相连,所谓注意就是人的心理活动对一定对象的指向和集中。指向,就是指心理活动的对象和范围。人在注意时,心理活动总是有选择地接受一定的信息,这样才保证了注意的方向。集中,是指心理活动倾注于被选择对象的稳定和深入的程度。集中不但使心理活动离开了一些无关的对象,而且也是对多余活动的抑制。指向性和集中性相互联系,密不可分。如当面对大量商品信息时,消费者的心理活动因人的反应容量的限制,只能集中在要购买的商品目标上,并且能忽略其他商品,排除噪音、喧哗等干扰,以获得对所购商品清晰、准确地反映。与认识过程的其他心理机能不同的是,注意本身不是一种独立的心理活动,它是伴随着感觉、知觉、记忆、思维和想象同时产生的一种心理状态。

(二)注意的功能

1.选择功能

注意的首要功能是选择那些对人有意义的、符合其活动需要和任务要求的刺激信息,避开、抑制或排除那些无关的、与当前活动不一致的各种影响和刺激。消费者在选购商品时,不可能同时对所有的对象做出反应,只能把心理活动集中和反映在少数商品或信息上,这样消费者才能清晰地感知商品,并进行分析、思考和判断,在此基础上做出购买决策。

2. 保持功能

就是使注意对象的映像或内容能长时间保持在主体意识中,以便心理活动对其进行加工,完成相应的任务。如果对选择的商品对象不加注意,头脑中的信息很快就会在意识中消失,相关的心理活动也就无法展开,影响人们正常的生活和学习。

3. 加强功能

注意最重要的功能是对活动进行调节和监督的功能。注意使人的心理活动沿着一定的方向和目标进行,通过排除干扰,不断地促进和提高消费心理活动的强度和效率。在注意的情况下,消费者可以排除无关因素的干扰,克服心理倦怠,使心理活动根据实际需要做出适当的分配和及时的转移,从而使心理活动更加准确和高效率地进行。

(三)注意的类型

根据注意的产生和保持有无特定目的及是否需要意志努力,可以将注意分为无意注意、有意注意和有意后注意3种形式。

1. 无意注意

无意注意也叫不随意注意,是指没有预定目的、也不需要任何意志努力而产生的注意。无意注意一般是在外部刺激物的直接刺激作用下,个体不由自主地给予关注。刺激物的强度、对比度、活动性、新异性等,是引起消费者无意注意的客观方面的主要因素。如模特身上的服装,包装色彩鲜艳的商品,闪烁变换的霓虹灯广告等,总是容易引起消费者的无意注意。

无意注意的产生也与主体状态有关。一般说来,符合人的需要和兴趣的事物容易成为无意注意的对象,此外,消费者潜在的欲望,消费者的精神状态,也是形成无意注意的重要条件。消费者在无目的地浏览商品时,经常会被商家举行的降价促销活动所吸引,无意之中不由自主地对某些外部刺激产生注意。

2.有意注意

有意注意也叫随意注意,是指有预定目的,需要经过一定的意志努力而产生的注意。有意注意的客体不易吸引人的注意,但又是应当去注意的事物,消费者需要在意志的控制下,主动把注意力集中起来,直接指向消费对象。因此,有意注意受人的意识的调节与支配,是注意的高级阶段。有意注意可以使消费者迅速准确地感知商品,做出决断,提高购买效率,但有意注意目的明确,在实现过程中需要有持久的意志努力,容易使个体产生疲劳。

引起和保持有意注意的条件和方法如下。

(1)加深对活动的目的和任务的理解。人们对活动目的理解的越清楚、越深刻,完成任务的愿望就越强烈,也就能够长时间地把注意集中在有关事物方面。

(2)培养间接兴趣。间接兴趣是人对活动的结果感兴趣。间接兴趣是引起和保持有意注意、克服困难的重要条件。间接兴趣越稳定,就越能够对活动保持有意注意。

(3)合理地组织活动。在明确活动目的和任务的前提下,合理地组织活动,有助于个体保持有意注意。如消费者在购买不了解的商品时,营销人员可以帮助他们自己动手操作,了解商品的结构、功能和使用方法,这是维持有意注意的重要手段。

3.有意后注意

有意后注意是指有预定目的、但不经意志努力就能维持的注意。有意后注意是注意的一种特殊形式,是在有意注意的基础上产生的。消费者早期对消费对象不感兴趣,需要一定的意志努力才能保持注意,经过一段时间以后,逐渐对该对象发生兴趣,即使不进行意志努力,仍能保持注意。

(四)注意的特征

消费者注意的心理活动,主要表现出以下几种特征。

1.注意的范围

注意的范围是指消费者在同一时间内所能清楚地把握的对象数量,亦称为注意的广度。对象数量越多,注意的范围越广。例如,在1/10秒的时间内,成年人一般能够注意到4~6个互不关联的物体或符号,而幼童只能注意到2~3个。如若注意的对象位置集中,排列有序,相互关联,则注意的范围就会相应扩大。与此同时,注意主体的知识经验丰富与否、信息加工任务多少等因素也会影响注意的范围。扩大注意的范围,可以提高学习工作效率。

2.注意的稳定

注意的稳定是指对同一对象或同一活动注意所能持续的时间。注意的稳定性与主体精神状态和刺激物特点有关。消费者对相关活动兴趣浓厚、态度积极、精神状态良好、意志坚定,则注意的稳定性就高。刺激物的特点也对注意的稳定性有着显著的影响,过于单调或者过于复杂的消费对象均不利于消费者注意的稳定。

3.注意的分配

注意的分配是指消费者在同一时间内把注意分配到两种或两种以上不同的对象上。注意的分配是有条件的,同时进行的两种活动中,只有一种是消费者不熟悉,需要集中注意进行感知和思考,另一种则熟悉和了解,不必过多注意;或者同时进行的几种活动"是自动化了的"联系,形成了某种反应系统,这样注意的分配也就容易做到。如,司机驾驶汽车的复杂动作,经过训练后形成一定的反映系统,所以他能把注意分配到与驾驶有关的各种活动上。

4.注意的转移

注意的转移是指消费者主动地把注意从一个对象转移到另一个对象上。例如消费者在商场对比不同品牌的服装之后,又去了解手机的相关信息。注意转移是一种有意识的、有目的,需要意志加以控制的注意状态。注意转移的快慢和难易,往往取决于原对象或活动吸引注意的强度和新注意对象的性质特点。

(五)注意在市场营销活动中的应用

注意在消费者的心理活动中具有重要作用。正确地运用和发挥注意的心理功能,可以使消费者实现从无意注意发展到有意注意,继而引发消费者购买行为。因此,许多商家在广告中充分利用刺激物的大小、强度、色彩等对比变化来吸引消费者的无意注意,收到事半功倍的效果。通过明确消费目标,广泛地利用各种宣传媒体,采取多样性的促销方式,帮助消费者充分了解商品的性能和优势,维持消费者的有意注意,进而向有意后注意发展。

二、消费者的感觉

(一)感觉的概念

感觉是一种最简单的心理现象,是人脑对直接作用于感觉器官的客观外界对象和现象的个别属性的直觉反映。当消费者与商品等消费对象发生接触时,会借助眼、鼻、耳、舌等感觉器官感受商品的物理属性(如外形、色彩、大小、软硬、光滑、粗糙等)和化学属性(气味、味道等),并通过神经系统传递至大脑,从而引起对商品的各种感觉,包括视觉、听觉、嗅觉、味觉、肤觉等。

(二)感觉的分类

感觉可分为外感受感觉和内体内部感觉两类。外感受感觉按照引起感觉的刺激物与感受器官有无直接接触,又可分为距离感受作用和接触感受作用,前者如视觉、听觉、嗅觉,后者如味觉、肤觉等,其中视觉是人们获取信息的最主要通道;内体内部感觉是指处于肌体内部各种器官的表壁上、肌腱部位的感受器官对自己的肌体内部各种刺激引起的相应反应,内体内部感觉主要包括肌体觉(内脏觉)、平衡觉、运动觉等。

(三)感觉的特征

作为认识活动的心理机能之一,感觉有其特殊的表现形态和作用方式,具体表现为感受性和感觉阈限、感觉适应、联觉等。

1.适宜刺激

所谓适宜刺激是指对特定感觉器官的特定性质的刺激。例如视觉是由波长为380～780纳米的电磁波作用于视网膜上的视锥细胞和视杆细胞引起的;听觉是由振动频率为16～20 000赫兹的声波作用于内耳柯蒂氏器官的毛细胞引起的,包括言语、乐音、噪声三种听觉形式,使人们能分辨出声音的四种属性,音调、响度、音色和持续性;味觉是由滤解于口内液体的化学物质作用于舌头和软腭上的味蕾引起的;嗅觉是由各种可挥发的物质微粒作用于鼻腔上部的嗅细胞所引起的。

2.感受性和感觉阈限

感受性是指感觉器官对刺激物的刺激强度及其变化的主观感受能力。它是消费者对商品、广告、价格等消费刺激有无感觉、感觉强弱的重要标志。

感受性通常用感觉阈限的大小来度量。感觉阈限是指能引起某种感觉的持续一定时间的刺激量,如一定强度和时间的光亮、色彩、声音等。消费者感受性的大小主要取决于消费刺激物的感觉阈限值高低。

人对有些刺激能够感受到,对另一些刺激则感受不到。过弱的刺激,如落在皮肤上的尘埃,我们通常是感觉不到的;过强的刺激,如频率高于20 000赫兹的声音,我们也感受不到。刚刚能够引起感觉的最小刺激量被称为绝对阈限,其不仅因感觉类型的不同而不同,而且也会因人而异。

引起某种感觉的刺激如果在强度上发生了变化,能否被个体觉察呢?

能够使个体感觉到的最小刺激变动量被称为差别阈限,而人们感觉最小差别量的能力即差别感受性。

各种商品因效用、价格等特性不同,而有不同的差别阈限值,消费者对其有着不同的差别感受性。了解消费者对不同商品质量、数量、价格等方面的差别感受性,对合理调节消费刺激量,促进商品销售具有重要作用。

3.感觉适应

消费者的感受性会受到时间因素的影响。随着刺激物作用时间的持续延长,消费者因接触过度而造成感受性逐渐下降,这种现象叫作感觉适应。消费实践中,人们接连观看同一部影视作品,会丧失新奇感;连续品尝十几种糖果之后,会对甜味的感觉变得迟钝。显然,感觉适应对增强刺激效应,不断激发消费者的购买欲望是不利的。要改变这种现象,使消费者保持对消费刺激较强的感受性,就要调整消费刺激的作用时间,经常变换商品的包装、款式和色调。

4.联觉

人体各器官的感受性不是彼此隔绝的,而是相互影响、相互作用的,即一种感觉器官接受刺激产生感觉后,还会对其他感觉器官的感受性发生影响,这种现象就是联觉。消费者在同时接受多种消费刺激时,经常会出现由感觉间相互作用引起的联觉现象。

除不同感觉器官之间的联觉外,同一感觉器官内不同部分的感受性也会发生联觉现象。联觉对消费者心理与行为有直接影响。

(四)感觉对消费行为的影响作用

①消费者对商品的认识都是从感觉开始的,感觉是消费者认识商品的起点,但通过感觉获得的只是对商品属性表面的、个别的、孤立的认识。因此,若仅仅依靠感觉对商品做出全面的评价和判断显然是不可靠的。但是,

感觉又是认识过程乃至全部心理活动的基础和起点,通过感觉,消费者能进一步认识商品的必要材料,形成知觉、记忆、思维、想象等较复杂的心理活动,从而获得对商品属性全面正确的认识。也正是以感觉为基础,消费者才能在认识商品的过程中产生各种情感变化,确认购买目标,做出购买决策,即引发和完成心理活动的情感过程和意志过程。反之,离开对消费对象的感觉,一切高级的心理活动都无从实现,消费者失去与客观环境的联系,消费行为也无从谈起。因此,一定意义上,感觉是消费者一切知识和经验的基础。

②不同的感觉会引起消费者的不同情绪体验。消费者在购物时首先接触的是购物环境和营销人员的服务。购物环境的优劣、商品陈列造型和颜色的搭配、灯光和自然光的采用、营业员的仪容仪表、服务态度等,都能给消费者以不同的感觉,从而引起消费者不同的情绪体验。良好的感觉引起愉悦的情绪体验,使消费者对商店产生良好的第一印象,从而产生惠顾心理;反之就会引起消费者的不满,等于将他们拒之门外。

三、消费者的知觉

感觉是对刺激的觉察,知觉则是将感觉信息组成有意义的对象,是对刺激的解释。知觉可以被看作是人脑对直接作用于感官的客观事物整体属性的反映。知觉如果与感觉同时发生,称为感知。知觉是对离散的感觉进行选择、组织、解释,与个人的需要、知识、经验等因素密切相连。

知觉一般可以分为空间知觉(形状、大小、方位、深度)、时间知觉、运动知觉和超感知觉。超感知觉是指不凭感觉器官即可获得知觉经验的特异现象。

知觉的特征体现如下。

1.知觉的选择性

在日常生活中,作用于我们感觉器官的客观事物是多种多样的,但是在一定时间内,人不能感受到所有的刺激,而仅仅感受能够引起注意的少数刺激。此时,受到注意的对象好像从其他事物中突出来一样,出现在"前面",而其他事物则退到"后面"去。前者是知觉的对象,后者成为知觉的背景,在一定的条件下,对象和背景可以相互转换。

人们之所以对同一刺激物产生不同的知觉,是因为人们要经历三种知觉过程:一是选择性注意。人们会更多地注意与当前需要有关的刺激物,更多地注意期待的刺激物。二是选择性曲解。指人们将信息加以扭曲,使之合乎自己的意向。受选择性曲解的作用,人们会忽视所喜爱人或者事物的缺点和其他人或者事物的优点。知觉的理解受到自己的知识、经验的影响。对事物的理解是知觉的必要条件。因为人的理解不一样，所以知觉到的事物也是不同的。三是选择性保留。是指人们倾向于保留那些能够支持其态度和信念的信息。选择性保留也体现出知觉的稳定性特点，知觉往往并不随知觉条件的变化而改变。

选择性注意提醒企业，消费者的知觉能力是有限的，具有负荷功能，人不可能注意到所有感觉到的信息和事物。一般来说，人平均每一次所能考虑的项目难以超过 7 个。一个消费者在对某种商品做出购买决定时，尽管在那里有很多可供选择的品牌，但一般也只能考虑 5 个甚至更少的商品品牌。对广告的知觉也是一样。1969 年，美国广告公司协会与哈佛大学联合进行过一次全国范围的调查，了解消费者在半天内实际看到广告的情况。结果表明，大多数接受调查的消费者半天内只注意到 11～20 幅商品广告，而一般成年人在半天内遇到的广告可能有 150 幅，这说明看到广告和知觉到广告是两回事(图 2-1)。

图 2-1　知觉的选择性：瓶子还是人脸

营销者在向消费者提供感性认识时，不但要让消费者感觉到，更应该让消费者知觉到，仅仅只是让消费者感觉到，就意味着没有让消费者注意到，这样的认识效果就不佳。

选择性曲解则提醒企业，必须有效地把产品信息传递给消费者，同时在传递信息给目标市场的过程中需要选用戏剧性手段和重复手段。

选择性保留则提醒企业，由于人们不愿意放弃自己使用习惯的商品或者某种兴趣爱好，所以知觉的稳定性保留往往可以成为消费者购买和连续购买某种商品的一个重要因素。企业可以通过名牌商品带动其他商品的销售，但知觉的选择性保留也会阻碍消费者接受新产品、新品牌，这样就对新产品、新品牌的推广带来不利因素(表 2-1)。

表 2-1　刺激与认知的关系

刺激物的特征	容易引起认知	不易引起认知
规模	大	小
位置	显著	偏僻
色彩	鲜艳	暗淡
动静	运动	静止
反差（对比）	明显	模糊
强度	强烈	微弱

2.知觉的整体性

我们感知一个熟悉的对象时，只要感觉了它的个别属性或主要特征，就可以根据以往的经验对它进行识别，把它作为一个整体做出反应。如果感知的对象是没有经验过的或不熟悉的话，知觉就会以感知对象的特点为转移，将它组织成具有一定结构的整体。这种现象也叫作知觉的组织化。任何客观事物都具有很多属性，并且都是由不同的部分组成的，当客观事物作为刺激物与人发生作用时，是它的各个部分或各种属性分别作用于人的感官。但是，人在知觉时却是把它们联系在一起，把它们作为一个整体来知觉（图 2-2）。

消费者在商品知觉过程中，总是把商品的名称、包装、颜色、价格、质量等综合在一起，形成对商品的知觉。如果被知觉商品符合消费者的需要，引起消费者的兴趣，消费者就会做出购买决定。根据这一点，企业在广告中要针对购买对象的特性，在向消费者提供信息时，其方式、方法、内容、数量必须与其文化水准和理解力相吻合，使信息迅速、准确地被消费者理解、接受。消费者在认识事物时，只要抓住了主要特征就可以做出整体性的反应，从而可以节省时间和精力。

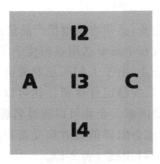

图 2-2　知觉的整体性：字母还是数字

3.知觉的联想性

联想性是指由某事而联系到另一事的心理活动。联想一般包括如下几方面。

①对比联想:通过对某一事物感知或回忆,引起对具有相反特点的事物的感知或回忆的心理状态。如机械操作与手工操作相对比,现在与过去相对比。

②相似联想:通过对某一事物的感知或回忆,引起对性质上与之接近或相似的事物的感知与回忆的心理状态。如长寿与仙鹤,绿色与生命。

③接近联想:人对在时间或空间上接近的事物形成的联想。如闪电与下雨,送礼与节日等。

④关系联想:由于事物之间的某种联系而形成的联想。如名人与品牌,茶叶与减肥,性格与行为等。

⑤特殊联想:指由一种事物联想到另一种事物的时候,不一定是按以上的规律进行的,事物之间不存在必然的联系,而是由消费者所经历过的某些特殊事件造成的,消费者见到一种事物时就会自然地联想到另一种事物。如一位顾客在购买商品时受到了良好的服务,以后他每一次对服务十分满意的时候都会想到那名热情的服务员。

联想的主要表现形式有两种:一是色彩联想。由商品、广告、购物环境或其他各种条件给消费者提供的色彩感知而联想到其他事物的心理活动过程,叫作色彩联想。色彩联想有多种形式,如从色彩联想到空间、从色彩联想到事物的温度、从色彩联想到事物的重量等等。此外,人们在服饰方面的色彩还可以使人联想到这个人的性格特点。二是音乐联想。音乐给人们的联想形式较多,如单纯的音乐给人的联想,音乐的题材和内容给人的联想,音乐的音量和音质给人的联想。

联想可以由当时的情境引起,如当时注意、感知到的事物,也可以由内心回忆等方式引起,在消费心理的研究中,主要着重于注意、感知等因素所激发的联想。因此,企业开展营销活动时,可以通过控制消费者所处的购物环境,使用各种各样的沟通方法来激发消费者,形成有利于企业的消费者联想。

错觉是指知觉被外在事物所蒙蔽,知觉的结果与实际情况不符的心理状态。它与幻觉不同,幻觉是指在没有外界刺激下产生的,是人的一种虚幻的知觉,如梦和醉。而错觉是在外界刺激下产生的对刺激物的主观歪曲的知觉。最常见的错觉是视错觉。人的知觉中的错觉有两种表现形式:一种是相反的错觉,小的物体如果与大物体比较,看到的结果会比实际的物体更小;另一种是群体或同化作用的错觉,小的物体看上去大于与它相似的更大的物体。错觉产生的原因很复杂,往往由生理和心理等多因素引起。在各种知觉中几乎都有错觉发生,常见的错觉有图形错觉、大小错觉、方位错觉、形重错觉、运动错觉、时间错觉等(图 2-3)。

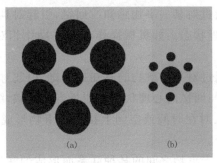

图 2-3　知觉错觉:中心圆点一样大吗?

错觉已经被广泛地运用于组织或者人的许多活动和行为中。比如胖人穿什么样款式和颜色的衣服来给别人一种不胖的感觉;在水果、糕点柜台旁挂一面镜子,就会显得货物丰盛、鲜亮;在包装设计中,将相同容积的两个小盒,分别设计为一个菱形,另一个为正方形,利用错觉效果,能使菱形显得比正方形大一些,而不同形状的包装又能激起消费者的购买欲望。可口可乐的瓶子外观别致,设计呈曲线,不仅线条优美,而且使里面所盛的可乐,看起来比实际的分量多。

错觉也容易让人们被蒙在鼓里,让消费者上当受骗。一些不法企业或者个人也会利用消费者的错觉来达到以次充好、以假乱真的目的。

注意是心理活动对一定对象的指向和集中,指向性和集中性是注意的两个基本特征。注意选择的中心是清晰的,而周围却是模糊的,注意的广度有限。注意不是独立的心理活动,而是贯穿于感性认识和理性认识之中。

注意分为无意注意和有意注意。

无意注意是无目的的随意注意。引起无意注意的原因主要有:刺激物的特点,如刺激物的强度、刺激物之间的对比、刺激物的活动和变化、刺激物的新异程度等;人的主观状态,如人的需要和兴趣、情绪状态等。

有意注意是有计划、有目的的注意。有意注意是在社会实践中发生和发展起来的,是人所特有的一种心理现象,引起和保持有意注意的方法有:对活动做深入的理解、培养间接兴趣、合理组织活动等。注意可以从最初的无意注意发展到有意注意。

下面一些原则可以帮助营销者引起顾客的注意:反常比正常显眼;对比比单一显眼;反复比一次显眼;大物比小物显眼;活动比静止显眼;彩色比黑

白显眼;圆形比方形显眼;左面比右面显眼;上面比下面显眼;中间比四周显眼。

人的注意既有顺序,又有限度。图 2-4 表示了一个人在观察一辆汽车时视线的移动路线,人们一般首先是注意到 A,然后依次是 B、C、D、E、F,最后注意落到 G。图 2-5 表明眼睛注意的广度有限,在如此之多的数字中,人们往往只能注意到几个数字。

在企业经营销售中,可以利用有意注意和无意注意的关系,创造更多销售机会。在实际活动中人的无意注意和有意注意是相互联系、相互转换的。消费者在购物时,企业可以运用多种手段,使消费者的购物活动时而有意注意,时而无意注意,时而忙于采购,时而消遣娱乐,使消费者自然而然地进行心理调节,感到购物是一件轻松的乐事。正确地运用和发挥注意的心理功能,可以使消费者实现由无意注意到有意注意的转换。许多消费行动就是在无意注意状态中被强烈广告或者宣传刺激之后引起了有意注意而最终导致的消费。

图 2-4　眼睛的注意顺序

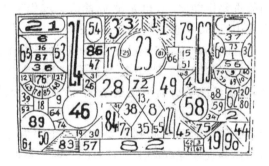

图 2-5　眼睛注意的广度有限

感性认识是认知事物或他人的第一感受,感性认识的强弱与好坏直接影响着人的理性认识,如果感性认识强烈,不但引起了感觉,还引起了知觉,形成感知,那人就会进一步进入理性认识。知觉也可以说是被注意到的感觉。引起知觉可以通过以下一些特别感受来实现:新奇感、美感、动感、性感、伤感、喜感、幽默感、神秘感等。

第二节 消费者的记忆、想象和思维

一、消费者的记忆

(一)记忆的概念及其在消费活动中的作用

记忆是过去经验在人脑中的反映。具体地说,是人脑对感知过的事物、思考过的问题、练习过的动作、体验过的情感及采取过的行为等在人脑中的映像。凡是人们感知过的事物、体验过的情感及练习过的动作,都可以以映像的形式保留在人的头脑中,在必要的时候又可把它们再现出来,这个过程就是记忆。

记忆既不同于感觉,又不同于知觉。感觉和知觉反映的是当前作用于感官的事物,离开当前的客观事物,感觉和知觉均不复存在。记忆总是指向过去,它出现在感觉和知觉之后,是人脑对经历过的事物的反映。也就是说,记忆中保留的映像是人的经验。

记忆是人脑的重要机能之一,也是消费者认识过程中极其重要的心理要素。在消费实践中,消费者感知过的广告、使用过的商品、光顾过的商店、体验过的情感及做过的动作等,在经过之后,并非消失得无影无踪,而是在大脑皮层留下兴奋过程的印迹。当引起兴奋的刺激物离开之后,在一定条件影响下,这些印迹仍然能够重新活跃起来,重新再现已经消失的消费对象的表象。

记忆在消费者的消费活动中起到重要作用。正因为有了记忆,消费者才能把过去的经验作为表象保存起来。经验的逐渐积累推动了消费者心理的发展和行为的复杂化。当消费者初步感知商品后,往往是运用记忆把过去曾使用过的商品、体验过的情感或动作回想起来,进一步加深对商品的认识。离开记忆则无法积累和形成经验,也不可能有消费者心理活动的高度发展,甚至连最简单的消费行为也难以实现。

(二)记忆的心理过程

记忆是一个复杂的心理过程,它包括识记、保持、回忆、再认等几个基本环节。

1. 识记

识记是一种有意识地反复感知,从而使客观事物的印迹在头脑中保留下来,成为映像的心理过程。整个记忆过程是从识记开始的,它是记忆的第一步。消费者对广告的记忆也是如此,通过视觉、听觉反复接触广告,在大脑皮层上建立起广告与商品的巩固联系,留下了对商品的印象,识记住了广告商品。

识记又分为以下类型。

(1)无意识记和有意识记

根据目的明确与否,识记可分为无意识记和有意识记。

①无意识记

无意识记是事先没有明确目的,也没有经过特殊的意志努力的识记。当消费者随意浏览商品,或阅读报纸、观看电视时,虽然没有明确的目的和任务,也没有付出特别的努力,但某些商品或广告的内容却有可能被自然而然地识记下来,这就是无意识记。无意识记具有很大的选择性,一般来说,那些在消费者的生活中具有重要意义,适合个人需要、兴趣、偏好,能激起情绪或情感反应的消费信息,给人的印象深刻,往往容易被无意识记。

②有意识记

有意识记是有预定目的并经过意志努力的识记。有意识记是一种复杂的智力活动和意志活动,要求有积极的思维参与和意志努力。消费者掌握系统的消费知识和经验主要依靠有意识记。例如,欲购买小汽车的消费者,对各种汽车的牌号、性能、质量、价格、外观等特性,均必须进行全面的了解和努力的识记。

(2)机械识记和意义识记

根据所识记的材料有无意义和识记者是否理解其意义,可以分为机械识记和意义识记。

①机械识记

机械识记是在对事物没有理解的情况下,依据事物的外部联系所进行的机械式的重复识记。例如没有意义的数字,生疏的专业术语等。机械识记是一种难度较大的识记,容易对消费者接收信息造成阻碍。因此,企业在宣传产品、设计商标或为产品及企业命名时,应当坚持便于消费者识记的原则。

②意义识记

意义识记是在对事物理解的基础上,依据事物的内在联系所进行的识记。它是消费者通过积极的思维活动,揭露消费对象的本质特征,找到新的消费对象和已有知识的内在联系,并将其纳入已有知识系统来识记。运用这种识记,消费者对消费对象和内容形式容易记住,保持的时间较长,并且易于提取。

2.保持

保持是过去经历过的事物映像在头脑中得到巩固的过程。但巩固的过程并不是对过去经验的机械重复,而是对识记的材料做进一步加工、储存的过程。即使储存起来的信息材料也不是一成不变的,随着时间的推移和后来经验的影响,保持的识记在数量和质量上会发生某些变化。一般来说,随着时间的推移,保持量会呈现减少的趋势。

3.回忆

回忆又称重现或再现。是对不在眼前的、过去经历过的事物的表象在头脑中重新显现出来的过程。如消费者购买商品时,往往把商品的各种特点与其在其他商店见到的,或自己使用过的同类商品,在头脑中进行比较,以便做出选择,这就需要回想,这个回想就是回忆。

根据回忆是否有预定目的或任务,可以分为无意回忆和有意回忆。无意回忆是事先没有预定目的,也无须意志努力的回忆;有意回忆是有目的、需要意志努力的回忆。如消费者在做出购买决策时,为慎重起见,需要努力回忆以往见过的同类商品或了解其有关信息。

4.再认

对过去经历过的事物重新出现时能够识别出来,就是再认。如消费者能够很快认出购买过的商品、光顾过的商店、观看过的广告等。一般来说,再认比重现简单、容易,能够重现的事物通常都能再认。

上述四个环节彼此联系,相互制约,共同构成消费者完整统一的记忆过程。没有识记就谈不上对消费对象内容的保持;没有识记和保持,就不可能对接触过的消费对象回忆或再认。因此,识记和保持是回忆和再认的前提,而回忆和再认则是识记与保持的结果及表现。同时,通过回忆和再认还能进一步加强对消费对象的识记和保持。消费者在进行商品选择和采取购买行动时,就是通过识记、保持、回忆和再认来反映过去的经历和经验。

(三)消费者记忆的类型

消费者的记忆有多种不同类型。

1. 根据记忆内容或映像的性质分类

(1)形象记忆

指以感知过的消费对象为内容的记忆,如对商品形状、大小、颜色的记忆。心理学研究表明,人脑对事物形象的记忆能力往往强于对事物内在逻辑联系的记忆,二者的比例约为 1000∶1。所以,形象记忆是消费者大量采用的一种主要记忆形式。其中,视觉形象记忆和听觉形象记忆起主导作用。

(2)逻辑记忆

指以概念、判断、推理等为内容的记忆,如关于商品质量、功能、质量标准、使用效果测定等的记忆。这种记忆是通过语言的作用和思维过程来实现的。它是人类所特有的、具有高度理解性、逻辑性的记忆,是记忆的较高级形式。但因对消费者的逻辑思维能力要求较高,在传递商品信息时要酌情慎用。

(3)情绪记忆

指以体验过的某种情绪为内容的记忆,如对过去某次购物活动的喜悦心情或欢乐情景的记忆。这种形式在消费者的记忆过程中经常使用,它可以激发消费者重新产生过去曾经体验过的情感,成为出现某种心境的原因。这种记忆的映像有时比其他记忆的映像更为持久,甚至可以终生难忘。因此,在商品宣传时,恰当调动消费者的情感体验,可以使之形成深刻的情绪记忆。

(4)运动记忆

指以做过的运动或动作为内容的记忆,如消费者对在超市购物的过程,从进场挑选到行走线路直至成交结算的动作过程的记忆。运动记忆对于消费者形成各种熟练选择和购买技巧是非常重要的。

2. 根据记忆保持时间的长短或记忆阶段分类

(1)瞬时记忆

指极为短暂的记忆。据研究,视觉的瞬时记忆在 1 秒以下,听觉的瞬时记忆在 4~5 秒以下。瞬时记忆的特点是,信息的保存是形象的;保存时间很短,且保存量大。消费者在商店等购物场所,同时接收大量的消费信息,但其中多数呈瞬时记忆状态。在瞬时记忆中呈现的信息如果没有受到注意,很快就会消失,如受到注意则会转为短时记忆。

(2)短时记忆

短时记忆的信息在头脑中储存的时间略长一些,但一般不超过 1 分钟。如消费者对广告上出现的某生产厂家电话号码边看边记,依靠的就是短时记忆,如不重复,短时记忆的信息就会很快消失。此外,短时记忆的容量也不大,因此告知消费者数字、符号等机械性信息时不宜过长或过多。

（3）长时记忆

指保持在 1 分钟以上,直到数日、周、年甚至保持终生的记忆。与短时记忆相比,长时记忆的容量是相当大的,并且是以有组织的状态储存信息。长时记忆对消费者知识和经验的积累具有重要作用,它会直接影响消费者的购买选择和决策。就企业而言,运用各种宣传促销手段的最佳效果,就是使消费者对商品品牌或企业形象形成长时记忆。

(四)消费者的遗忘

遗忘是对识记过的内容不能再认和回忆,或者表现为错误的再认和回忆。在消费实践中,无论何种类型的记忆都难以做到永远保持,这是由于在记忆过程中存在着另一个重要的心理机能,即遗忘。

最早对遗忘现象进行实验研究的是德国心理学家艾宾豪斯,他以自己为被试对象,以无意义音节作为记忆材料,用时间节省法计算识记效果。艾宾豪斯曲线表明了遗忘变量与时间变量之间的关系:遗忘进程不是均衡的,在识记的最初一段时间遗忘很快,以后逐渐缓慢,过了一段时间后,几乎不再遗忘。可以说,遗忘的发展历程是先快后慢,呈负加速型。

对于遗忘的原因,有种种解释,影响较大的有三种学说,即痕迹衰退说、干扰抑制说和压抑说。

1.痕迹衰退说

这种学说认为,遗忘是由于记忆痕迹得不到强化而逐渐减弱,以致最后消退而造成的。20 世纪 20 年代,完形心理学派的学者们最初提出记忆痕迹的概念。他们认为,学习时的神经活动会在大脑中留下各种痕迹,即记忆痕迹。如果学习后一直保持练习,已有的记忆痕迹将得到强化;反之,如果学习后长期不再练习,既有记忆痕迹将随时间的流逝而衰退。痕迹衰退说强调的是生理机制对记忆痕迹的影响,这一解释虽然合乎一般常识,而且能说明很多遗忘现象,但未必符合所有事实和进行普遍推广。因为人的有些经历,即使是在几十年以后,仍然历历在目,并不随时间流逝而淡忘。

2.干扰抑制说

该学说认为,遗忘是由于记忆材料之间的干扰,产生相互抑制,使所需要的材料不能提取。为这一学说提供有力支持证据的是前摄抑制和倒摄抑制。所谓前摄抑制是指先学习的材料对后学习的材料所产生的干扰作用。

安德武德发现,在学习字表以前有过大量练习的人,24 小时后,所学会的字表只记住 25%;以前没有做这种练习的人,能记住同一字表的 70%。所谓倒摄抑制,是指新学习的材料对原来学习的材料的提取所产生的干扰与抑制作用。1990 年,德国学者穆勒和皮尔杜克首先发现倒摄抑制。他们观察发现,被试者在识记无意义音节之后,经过 6 分钟的休息,可以回忆起 50%的音节;如在间隔时间内从事其他活动,只能回忆起 26%。

3. 压抑说

这一学说认为,遗忘既非由痕迹的消退所造成的,也不是记忆材料之间的干扰所造成的,而是由于人们对某些经验的压抑使然。压抑引起的遗忘,是由某种动机所引起的,故此它又称为动机性遗忘,这一理论,出自弗洛伊德的精神分析说。弗洛伊德认为,回忆痛苦经验将使人回到不愉快的过去,为避免痛苦感受在记忆中复现,人们常常对这些感受和经验加以压抑,使之不出现在意识之中,由此引起遗忘。

二、消费者的想象与联想

(一)想象

想象是人脑对过去形成表象进行加工改造而产生新形象的心理过程。概念中涉及的表象是指曾经感知过的事物形象在人脑中保留的印象。对于已经形成的表象,经过人脑的加工改造,创造出并没有直接感知过的事物的新形象就是想象,如"嫦娥奔月""大闹天宫"等。想象的内容有许多是"超现实"的,但绝不是凭空产生的,想象无论多么新颖、独特,构成新形象的一切材料都来源于客观现实。例如,神话小说《西游记》中的孙悟空、猪八戒的形象,生活中并不存在,是作者把人与猴、人与猪的形象经过加工改造后而产生的新形象,因此,客观现实是想象的源泉。

想象活动必须具备三个条件:①必须要有过去已经感知过的经验,这种经验可以是个人的感知,也可以是前人、他人积累的经验;②想象的过程必须依赖人脑的创造性,须对表象进行加工;③想象必须是新形象,它可以是主体没有感知过的事物,也可以是世界上根本不存在或还未出现的事物。想象虽然是人人都具备的一种心理活动,但表现在每个人身上却有所不同。不同类型的消费者,想象力是不同的。

(二)联想

联想是由一种事物想到另一种事物的心理活动过程,是消费心理中一种重要的心理活动。联想可以由当时的情景引起,如当人们看到一件感兴趣的服装,会想:这件衣服穿在自己身上是什么效果呢? 也可以由内心回忆等方式引起。在营销心理学中,主要着重于对由注意、感知等因素所激发的联想的研究,因为开展营销活动时,可以通过控制消费者所处的购物环境,使用各种方法来激发消费者积极的联想。联想的主要表现形式有如下形式。

1.接近联想

由于两种事物在位置、空间距离或时间上比较接近,所以看到第一种事物时,很容易联想到另一种事物。例如,到了北京,人们一般会联想到长城、故宫、天安门;到了中午 11:30,人们一般会想到要吃中午饭了。

2.类似联想

两种事物在大小、形状、功能、地理位置及时间背景等方面有类似之处,人们认识到一种事物时同时会联想到另一种事物。例如,外国游客会在游览中国的江南水乡时联想到意大利的水城威尼斯。

3.对比联想

两种事物在性质、大小及外观等方面存在相反的特点,人们在看到一种事物时会马上联想到与其相反的另一种事物。这种联想会为企业创造出许多新的机会,开发出满足消费者相互对立的需求的商品。例如,企业根据消费者的需求差异,设计出大包装和小包装、成人用和儿童用等配套商品。

4.因果联想

两种事物之间存在一定的因果关系,由一种原因会使人联想到另一种结果,或由事物的结果联想到它的原因。例如,外地旅游者从游览地的市容市貌的整洁有序联想到当地政府的管理有方。

5.色彩联想

由商品、广告和购物环境等给消费者提供的色彩感知,联想到其他事物。色彩联想在人们的日常消费活动中表现得十分普遍,尤其是在购买服装、化妆品、手工艺品、装饰品,以及其他一些需要展现外观的商品时,消费者通常会从商品的色彩产生相应的联想。例如,红色、橙色和黄色等暖色调使人联想到热烈、温暖;白色和蓝色等冷色调使人感到明净且清爽;黑色、灰色和咖啡色给人的感觉比较庄重。

6.音乐联想

音乐给人的联想形式比较多,例如慢节奏的古典音乐或民族音乐使人联想到优雅、美妙;节奏明快的音乐使人感到活泼和朝气。

(三)想象、联想在营销活动中的作用

想象、联想对于发展和深化消费者的认识,推动消费者的购买行为具有重要作用。

1.想象、联想对消费者的作用

消费者在评价和选购商品时,常常伴有想象、联想活动的参与。消费者是否购买某种商品,常取决于购买对象与想象中追求的是否相吻合,相吻合就购买,不相吻合则拒绝购买。由于联想往往带有感情色彩,积极的联想会使人们对未来产生美好的憧憬,对商品往往倾向于肯定态度,在某些情况下可能会导致消费者冲动性购买。因此,商家及营销人员可以通过品牌的名称、企业的广告和广告语等引起消费者的一定联想。如品牌"金利来"服装,不仅名称好,广告语"男人的世界"更是画龙点睛的准确体现了金利来定位于成功、有身份男士的核心价值,使产品建立起特定的象征意义,联想让消费者深入认识商品的实用价值、欣赏价值和社会价值,成为消费者购买的关键因素。

2.想象、联想对企业营销人员的作用

营销人员的工作需要一定的想象力。在为顾客服务过程中,营销人员能根据不同顾客的需要,想象出更适合他的商品,提高商品的成交量。营销人员在介绍商品、陈列橱窗、布置展厅等多方面也可以发挥其想象的作用,可以利用事物之间的内在联系,通过巧妙的象征和生动形象的比喻等表现手法,丰富促销内容,加深顾客对商品功能的理解,激发消费者有意识的联想,从而提高促销成效。

三、消费者的思维

(一)思维的含义

思维是人脑对客观事物概括的、间接的反映。它是大脑运用分析、综合、比较、抽象、概括等一系列活动,是把握事物的特征和规律,在既定经验的基础上认识和推断未知事物的过程,它是人的认识活动的高级阶段。思

维是在感知的基础上产生和发展的,是人们从对事物的感性认识发展到理性认识的复杂心理活动,具有概括性和间接性的特性。

(二)思维的分类

(1)根据思维活动的性质和方式,可将思维分为动作思维、形象思维和逻辑思维三类。

动作思维。动作思维也称为实践思维,是以实际动作为支柱的思维,它是在实际的活动中进行的。消费者在实际的购买活动中,需要有动作思维的参与。

形象思维。形象思维是指利用事物的直观表象来进行分析、比较、综合、抽象、概括等内部的加工,从而解决问题。如消费者在购买家用沙发时,会把眼前商品的颜色、款式与自己客厅的颜色、摆放位置是否协调等进行形象思维,从而影响其购买行为。

逻辑思维。逻辑思维也称为抽象思维,是利用概念、推理和理论知识来认识客观事物,达到对事物的本质特征和内在联系的认识的思维。消费者的购买活动同样离不开抽象思维的参与。例如,消费者在购买商品房时,需要了解房子的结构、性能和发展趋势以及贷款方式等,就是一个抽象思维的过程。

(2)根据思维探索目标的不同,可将思维分为聚合思维和发散思维。

聚合思维又称集中思维,是以某个问题为中心点,运用多种方式、知识或手段,从不同的方向和不同角度,将思维指向这个中心点,以达到解决问题的目的。比如,消费者想购买一辆汽车,上网查看了多款汽车的信息,向亲朋好友了解使用不同汽车的感受,去车展现场查看、听营销人员讲解不同汽车的差异,把所得到的信息汇总起来,通过分析比较,选择出最好的解决方案。这种思维形式就是聚合思维,其主要特征是求同。

发散思维又称辐射思维,它是由一点向四面八方想开去,充分运用丰富的想象力,调动积淀在大脑中的知识、信息和观念,重新排列组合,从而产生更多的设想和方案。比如,企业高级管理层在解决问题时,常常采用"头脑风暴法",通过有组织的座谈形式,鼓励发言、限制讨论、标新立异、重视方案数量,以寻求实现目标的多途径。它不拘泥于传统的做法,有更多的创造性,其主要特征是求异。

(3)根据思维的创新程度不同,思维可分为常规性思维和创造性思维。

常规性思维,又称再造性思维,指人们运用已获得的知识经验,按照现成的方案或程序,用惯常的模式或方法来解决问题的思维方式。常规性思维缺乏新颖性和独创性。

创造性思维,是指以新颖独到的方式来解决问题的思维,其主要特征是具有新颖性,是人类思维的高级形式。它是发散思维与聚合思维、直觉思维与分析思维、形象思维与抽象思维等多种思维形式的综合表现。在产品设计和企业营销策划等活动中,特别需要创新意识和创新思维。

(三)消费者的思维过程

1. 分析过程

分析是指在头脑中把整体的事物分解成各个部分、不同特性和各个方面。消费者对商品的分析过程是在掌握了一定量的感性材料基础上进行的,尽量将购买目标范围缩小,从中选出购买目标。例如,购买汽车时,可选择的各种品牌较多,但消费者首先要通过分析确定购买汽车的价位、车型,是进口的还是国产的等等,在这个基础上建立购买目标。

2. 比较过程

比较是在头脑中把各种事物加以对比,并确定它们之间异同的过程。消费者通过初步分析,确定所购买的目标范围后,还会在商品之间进行选择,借助比较来进一步鉴别商品质量的优劣、性能比的高低。

3. 评价过程

在确定了商品的购买目标后,消费者要运用判断、推理等思维方式,综合多种信息,对商品的内在属性和本质进行概括,为确定购买决策做好心理准备。

购买商品后,消费者在使用商品的过程中,还会对其进行购后分析、比较及评价,获得对商品更为深刻的理性认识,并为以后的购买行为提供经验积累。

(四)消费者思维的特性与购买行为

在购物过程中,由于消费者个体的差异,在思维方式上表现出不同的特点。

(1)思维的独立性。有的消费者在购物中有自己的主见,不轻易受外界的影响,而是根据自己的实际情况权衡商品的性能和利弊等,独立做出购买决定。而有的消费者缺乏思维的独立性与批判性,容易受到外界的影响,随人而欲,易被偶然暗示所动摇。

(2)思维的灵活性。有的消费者能够依据市场变化,运用已有的经验,灵活地进行思维并及时地改变原来的计划,做出某种变通的决定;有的消费者遇到变化时,往往呆板,墨守成规,不能做出灵活的反应或不能变通。

(3)思维的敏捷性。有的消费者能在较短的时间内发现问题和解决问题,遇事当机立断,能迅速做出购买决定;相反,有的消费者遇事犹豫不决,不能迅速地做出购买决定而错失良机。

(4)思维的创造性。有的消费者在消费活动中,不仅善于求同,更善于求异,能通过多种渠道收集商品信息,在购买活动中不因循守旧、不安于现状,有创新意识、有丰富的创造想象力。

可见,绝大多数消费者经过对商品的思维过程而做出的购买行为是一种理智的消费行为,是建立在对商品的综合分析基础上的。正因为不同消费者的思维能力有强弱的差异,从而使得他们具有不同的决策速度与行为方式。

(五)思维对企业经营的影响

1.利用思维的变通性,带动经营的灵活性

思维的变通性即是灵活性。企业在商品销售活动中应该经常根据商品市场的变化,不断变换经营策略和销售方式,采用灵活多样的促销手段,才能使商品销售做得红红火火。有些商品滞销,并不一定是质量问题,而是经营者的思维缺乏灵活性,不能适应不同市场、不同消费者购买心理进行营销。如果经营变通,即可"山重水复疑无路,柳暗花明又一村"。

2.利用思维的敏捷性,随时创造新的商机

在当今市场竞争日益激烈的情况下,谁具有敏捷性的思维,善于分析和研究市场变化,及时把握市场行情,迅速做出正确的销售决策,谁发展就快。英国有一位卖望远镜的老板,他抓住了英国查尔斯王子和黛安娜王妃在伦敦举行婚礼的机会,发了一大笔财。当时,查尔斯王子和黛安娜王妃在伦敦举行了一次耗资 10 亿英镑、轰动世界的婚礼。当盛典到来时,从白金汉宫到圣保罗教堂,沿途站了近百万名观众,人们都想目睹王子和王妃的风采。正当后排观众正为无法看到盛典着急时,突然从后面传来响亮的叫卖声:"用望远镜看盛典了! 一英镑一个!"顿时,长长的街道两旁出现了成千上万的人抢购望远镜的场面,不一会工夫,一大批用硬纸配上镜片做成的简易望远镜被抢购一空。

3.利用思维的创造性,使企业在激烈竞争中取胜

人类的进步离不开创造性思维,在激烈的市场竞争中,企业要想站稳脚跟,也必须有独特的招数,这就要依靠创造性的思维出奇制胜。比如,长期以来,瑞士手表一统天下。日本西铁城手表公司为了开拓澳洲市场,挖空心思地想出了一种极具创意的推销方法:采用直升机空投方法,从高空把手表投掷下来,落到指定广场。人们一看,原来是西铁城牌手表,手表掉到地上后完好无损,还在"嘀嗒""嘀嗒"地走着。于是,西铁城手表在澳大利亚名声大振,求购者络绎不绝。这说明,只要企业经营者能克服墨守成规的习惯心理,运用创造性思维拓展思路,并且迎合消费者心理,就能在激烈的市场竞争中取胜。

第三节　消费者的情绪、情感和意志

一、消费者的情绪与情感

(一)情绪或情感的概念

情绪和情感是人的需要是否得到满足时所产生的一种对客观事物的态度和内在体验。消费者在从事消费活动时,不仅通过感觉、知觉、注意、记忆等认识了消费对象,还对它们表现出一定的态度。根据其是否符合消费主体的需要,消费者可能对之采取肯定或否定的态度。当采取肯定的态度时,消费者会产生喜悦、满意、愉快等内心体验;当采取否定态度时,则会产生不满、忧愁、憎恨等内心体验。这些内心体验就是情绪或情感。

情绪和情感是人对客观世界的一种特殊的反映形式,是人对客观事物是否符合自己需要的态度的体验。对此可以从几个方面进行理解。

①情绪和情感是人对客观现实的反映形式。客观现实中的对象和现象与人们自己的关系是情绪与情感的源泉。因为人同各种事物的关系不完全一样,人对这些事物所抱的态度也不一样,所以人对这些事物的情绪和情感的体验也就不同。

②人所以能对客观现实是否符合需要这种态度有所体验,是因为人在认识世界和改造世界的过程中,客观现实与人的需要之间形成了不同的关系。

③在现实生活中,并不是所有事物都可以产生情绪和情感。

(二)情绪与情感的联系与区别

从严格的意义上讲,情绪和情感是从不同角度来揭示人类心理体验的概念,两者既有联系,又有区别。两者的区别可从以下几个侧面加以说明。

1.引起情绪和情感的需要的性质不同

情绪一般指与机体的天然生理需要和较低级的心理过程相联系的内心体验。天然性需要得到满足就产生积极的、肯定的情绪;否则就产生消极的、否定的情绪。情感则与人在历史发展中所产生的社会需要相联系,其基础是与人和人之间的关系(社会关系)相联系的需要,如对社会的贡献、道德的需要、尊重的需要等。

2.情绪和情感在稳定性上的差别

情绪带有很大的情境性、激动性和短暂性,它常常在活动中表现出来。一定的情境出现即引起一定的情绪,情境过去则情绪也即消失。

情感则是既具有情境性,又具有稳定性和长期性。人与人之间在活动中产生的友好情感,不会因为活动的结束而消失,而会长期存在并可能得到发展。所以情感是长期的、稳定的。

3.情绪和情感是可以转化的

情绪长期积累就会转化为情感,而情感在一定条件下也会以鲜明的、爆发的形式表现出来,表现为一种情绪。

(三)情绪与情感的分类

情绪或情感是一种十分复杂的心理现象,通常按以下角度进行分类。

1.根据情绪的性质进行分类

(1)快乐
指个体的目标达到,需要得到满足或受到社会与他人赞美时的心理体验。快乐又可细分为满意、愉快、欢乐、狂喜等不同程度。营销人员应想方设法使消费者在消费过程中获得快乐的心理体验。
(2)悲哀
指个体失去所热爱的对象,或希望破灭而产生的心理体验。
(3)愤怒
指个体的行为目标或愿望受到干扰、破坏和打击,使自己的期盼无法实现或遭受损害而产生的心理体验。它还可细分为不满意、生气、愠怒、激愤、狂怒等不同程度。

（4）恐惧

指个体由于缺乏心理准备，不能应付、处理或摆脱某种突然出现的可怕的或危险的情况时所产生的心理体验。焦虑也是与恐惧类似的另一种常见情绪状态，其区别在于，恐惧有引起它的具体对象，而且比焦虑的情绪强烈。

（5）挫折

指个人在从事有目的的活动时，由于客观条件的障碍与干扰，致使预期的动机不能顺利进行，其需要不能获得满足而产生的紧张态度与情绪反应。挫折的典型代表是懊丧、怨恨、消沉、无动于衷等。在消费过程中，消费者买到不满意的商品，或营业员的态度冷淡、不尊重等，都会引起挫折感。

2. 根据情绪的强度、时间和复杂性程度进行分类

（1）心境

即一种比较微弱、持久，并具有渲染性的情绪状态。它不是关于某一事物特点的体验，没有特定的对象，而是人们在一般情况下的一种总体的情绪表现。心境有积极与消极之分，当消费者处于积极的心境状态下，就会表现出快乐、开朗和兴奋，较容易与营销人员沟通；而当消费者处于消极的心境时，则会忧愁、悲观和愤怒，并容易与营销人员产生茅盾冲突。

（2）激情

是一种迅速强烈的爆发，能控制人的行为逐渐增强的情绪紧张，一般持续时间短暂。在激情的状态下，人们自我卷入程度很深，往往失去自我控制，并伴随着明显的生理和身体方面的变化。积极的激情能鼓励人们克服困难，成为行动的巨大动力；消极的激情则会引起人的高度冲动，从而失去理智，不能自控，盲目行事。营销人员积极的激情可以使营销活动充满生机和感染力。

（3）热情

是一种掌握着人的整个身心，决定一个人思想行为基本方向的、强烈稳固而又深刻的情绪状态。这是一种强有力的、稳定的、能把人完全控制住的情感，虽然不像激情那样强烈，但比激情持久；不像心境那样广泛，但比心境强烈、深刻。热情表现出主体被一种力量所征服，以坚定的努力去达到某个目的。消费者往往是在热情推动下才去购买某些商品的。

（4）应激

是出乎意料的紧张情况所引起的情绪状态。当人遇到紧急情况时，会把体内的潜能都调动起来，以应付紧张的局面，这时人的心绪、血压、激素分

泌及肌肉的紧张度等都发生了显著的变化,处于应激和积极状态。人们处理应激的方式主要依赖于其生活经验,以及意志品质对人情绪的控制能力。

3.根据情感的社会内容进行分类

根据情感的社会内容,可分为道德感、理智感、美感等。

(1)道德感

即根据社会行为标准评价自己或别人的思想、言论和行为所产生的情感,它是一种高级形式的社会情感。如果自己的思想意图和言行举止符合社会道德准则,就会产生肯定、积极的情感,反之则坐卧不安。在消费活动中,消费者受到营销人员热情、礼貌的接待,就会产生信任感、友谊感和满足感,体现出愉快、喜欢等情绪。因此,营销人员的职业道德和服务态度对于消费者的购买行为起着重要的影响作用。

(2)理智感

即根据人们求知欲是否得到满足而产生的高级情绪活动。理智感与人的求知欲、好奇心、热爱真理等相联系。理智感是在人的认识过程中产生和发展起来的,并又推动了认识过程的进一步深入。它不是满足低级的本能的需要,而是满足高级的社会性的需要,是一种热烈追求和探索知识与真理的方式。如消费者对一些高技术产品进行认知时,有时会产生好奇、求知、自信、疑虑等情感,从而产生购买并使用这些产品的兴趣。所以,理智感对消费者购买过程的情绪变化起着重要的推动作用。

(3)美感

是人的审美需要是否得到满足时所产生的心境感受。美感是对事物的美的体验,是客观事物与人对美的需要之间关系的反映。由于消费者的社会地位、经济条件、文化修养及社会实践方面的差异,其审美标准也各不相同。消费者在认识商品的过程中,对商品美的体验也存在差异性。但在同一群体中,往往持有基本相同的审美标准。例如,消费者对时尚、新潮商品的普遍追求,说明同一群体成员有着近似的美感。

(四)消费者购买活动的情绪过程

消费者在购买活动中的情绪过程大体可分为悬念阶段、定向阶段、强化阶段。

1.悬念阶段

消费者产生了购买需求,但并未付诸购买行动。此时,消费者处于一种不安的情绪状态。如果需求非常强烈,不安的情绪会上升为一种急切感。

2.定向阶段

消费者面对所需要的商品,并形成初步印象。此时,情绪趋于定向,即趋向于喜欢或不喜欢,趋向满意或不满意。

3.强化阶段

消费者对商品进行全面评价。由于多数商品很难同时满足消费者多方面的需求,因此,消费者往往要体验不同情绪之间的矛盾和冲突。如果积极的情绪占主导地位,就可以做出购买决定。

二、消费者的意志

(一)意志的含义

意志是人脑所特有的产物,是人的意识的能动作用的表现。人们在进行某种活动之前,活动的结果已经作为意志行动的目的而存在于人的头脑观念之中。要把观念转变为现实,必须以预定的目的来指导和激励自己的行动,排除干扰,克服困难,从而达到行动的目的。因此,意志过程是人的内部意识向外部行为转化的过程。

意志是人们自觉地确定目的,并支配调节其行动,通过克服困难,以实现预定目的的心理过程。

消费者在购买活动中不仅要通过感知、记忆等活动来认识商品,还要有赖于意志过程来确定购买目的,并排除各种主客观因素的影响,从而采取行动实现购买目的。例如一个经济不富裕的家庭,想买一件盼望已久的大件耐用消费品,就要省吃俭用,攒足钱后还要想方设法地收集市场信息,甚至不辞辛苦地跑遍各大商场,进行货比三家等。这一消费活动之所以能够成功,消费者的意志在其中起到了十分关键的作用。

(二)意志的特征

1.目的性

意志的开始就是心动,心动就是有需要、有目标、有目的。意志第一层次解释就是意愿和志向。意志的目的性可以是由生理产生,但社会化以后更多的是由心理产生,社会性目的是意志的最重要特征。社会化意志过程的基础还是来自人的认知过程,来自人的思维和思想。

消费者在购买过程中的意志活动是以明确的购买目的为基础。在有目的的购买行为中,消费者的意志活动体现得最为明显,通常为满足自身的特定需要,消费者经过认识后预先确定了购买目标,然后自觉地、有计划地按购买目的去支配、调节和实现购买行动。

2.克服困难

困难有外部困难和内部困难两种,外部困难是指客观条件的障碍,如缺乏必要的工具和工作条件或来自他人的讥讽、打击。内部困难是指人在行动时,受相反的要求和愿望的干扰。外部困难必须通过内部困难而起作用。意志主要表现在克服内部障碍上,外部障碍只有变成内部障碍,才能引起意志努力。如有件事没办完,虽然感到既困又累,但还不能睡,外部障碍就转化为内部障碍了。

消费者为达到既定目的而需要排除的困难是多方面的。例如,时尚与个人情趣的差异,支付能力有限与商品价格昂贵的矛盾,销售人员或者产品的服务质量与预期的落差等等。这就需要营销者引导消费者在购买活动中尽力通过自己的意志努力来排除不必要的矛盾、冲突和干扰。

3.行动性

意志不但是心动的过程,还是一个行动的过程,如果只有心动没有行动,那这样的意志是不完整的,也没有结果。不管结果如何,意志强调行动,有行动才能有结果。而行动贵在坚持,有些人行动可以很快速,但因为没有持久性,这样的行动往往就会昙花一现或者功亏一篑。

营销者最终的目的就是要让消费者产生购买企业某种产品或服务的行动,就是要让消费者产生完整的意志过程。通过营销者的努力,不但要让消费者心动,更应该让消费者尽快产生行动,而且最好是一经购买后,就产生对某种产品或者某种品牌的忠诚,实现意志过程的持久性,达到企业最期待的消费者忠诚状况。

营销者可以通过确定独特的市场定位,采取分期付款、限制销售、强调机会、降价等特别的促销措施满足消费者的意志过程,来让消费者加快产生购买的行动;营销者还可以采取良好的服务和顾客关系管理等措施,让消费者不但行动,而且忠诚。

(三)意志品质

意志品质是人意志的具体表现,良好的意志品质体现在自觉性、果断性、坚韧性和自制性上。

1. 自觉性

人的意志品质的高低首先体现在自觉性上。良好的意志品质是人在做某事时能头脑清醒,在行动中有明显的目的性,能充分认识所采取的行动的意义,使自己的行动服从于一定的要求。一旦设立了目标,自己的行动不是被迫的,不是被别人赶着去做事,而是自觉自愿地去做。比如学生的学习,应该是自觉地学习,而不应该是被老师或者家长逼着学习。一旦做事有了自觉性,目标实现的可能性就大大增加了。

由自觉性意志品质独立地支配自己行动的人,不轻易受外界影响,目标一旦认定,便义无反顾地为实现自己的既定目标而努力。同时,对于一切有助于目标实现的建议和批评也会欣然接受。自觉性是良好意志品质的首要特征,它反映着一个人的坚定的立场和信仰,是人的意志行动的力量源泉,贯穿于意志行动的始终。

被迫性、暗示性和独断性是与自觉性相反的意志品质特征。被迫行动或者容易受暗示的人,只能在得到提示、命令、建议时才表现出积极性和主动性,而且很快就屈从于别人的影响,不假思索的接受他人的意见或者思想。行为具有独断性品质的人,表面上似乎是独立地采取决定、执行决定,但实际上从不考虑自己采取的决定是否合理,执行决定时也听不进任何意见,固执己见,一意孤行,绝非良好的意志品质。

消费者的自觉性意味着消费者的目标明确,而且愿意主动去做。企业应该建立起消费者的自觉性消费,而不是通过一些手段让消费者被迫消费。

2. 果断性

人的意志品质的高低还体现在果断性上。意志的果断性是指在明辨是非的基础上,迅速而合理地做出决定和执行决定的品质。与之相反的则是瞻前顾后、优柔寡断、草率决定等不良品质。具有果断性意志品质的人,应该是既能全面考虑行动的目的和达到目的的方法,又能清楚地了解自己做决定的重要性及其后果,在行动上能当机立断,不左右摇摆、犹豫不决。果断性不仅表现在能抓住有利时机,顺利实现决定的行动上,而且也表现在一旦出现情况变化能立即决定继续还是终止正在进行的行动上。果断性一般是以正确的认识为前提,以深思熟虑和大胆机敏为条件,果断性离开了这两条,可能就会变成草率。

营销者希望消费者在消费时能果断地做出对企业有利的行动,而不要在那里左摇右摆,拿不定主意。要让消费者产生果断性的购买一方面会由消费者的意志品质决定,另一方面也和企业的营销策略密切相关。

3.坚韧性

意志的坚韧性是指那种坚持不懈,在行动中能以坚忍不拔的毅力克服种种困难而坚持到底的良好品质。具有这种品质的人能够在活动中持之以恒,具有锲而不舍、不达目的决不罢休的决心,做事不浅尝辄止。这种人不怕困难与失败,在困难、艰苦的条件面前不犹豫、不动摇、不停滞,一鼓作气,善始善终,并自觉地抵制一切不合目的的主客观诱因的干扰,具有顽强进取的精神。

消费者如果具有这样的意志品质,那当他决定需要购买某种产品的时候就会显出不达目的决不罢休的精神。营销者应该努力促使消费者相信本企业的产品,并为此而坚持不懈。有些产品的消费恰恰需要消费者有这样的品质才能坚持到底,比如健身运动,有坚韧性的消费者往往就会成为健身中心的长久客户。

4.自制性

意志的自制性是指那种能够完全自觉、灵活地控制自己的情绪,以约束自己产生与完成任务相反行动的良好品质。自制力反映着意志的抑制功能,自制力强的人,善于控制和调节自己的行为,能够克制自己不应有的情绪冲动和冲动性行为,抗拒来自外部和内部的诱因干扰,自觉遵守纪律,执行决定,不论是胜利还是失败,都能激励自己前进。因此,自制力强的人,往往组织性、纪律性较强,情绪稳定,行动时注意力能高度集中。

消费者的自制力特征可以帮助营销者考虑如何通过有效的措施来努力建立消费者忠诚,让消费者不朝三暮四,见异思迁。

(四)消费者意志过程

消费者的意志过程就是一个心动、行动及体验的过程。

(1)做出购买决定阶段。这是消费者购买活动的初始阶段,即"心动"阶段。这一阶段包括需要的确立、购买动机的取舍、购买目的的确定、购买方式的选择和购买计划的制定,实际上是购买前的准备阶段。消费者从自身的需求出发,根据自己的支付能力和商品供应情况,分清主次、轻重、缓急,做出各项决定,即是否购买和购买的顺序等。消费者的认知过程是这个阶段的基础和出发点。

(2)执行购买决定阶段。这一阶段,购买决定转化为实际的购买行动,即行动阶段。这个阶段是消费者动机形成的阶段,消费者最终通过一定的方式和渠道行动起来,购买到自己所需的商品或劳务。当然,这一转化过程在现实生活中不会很顺利,会遇到一些障碍需要加以排除,所以,执行购买决定是消费者意志活动的中心环节。

(3)体验执行效果阶段。完成购买行为后,消费者的意志过程并未结束。消费者通过对商品的使用,还要体验执行购买决定的效果,如商品的性能是否良好、使用是否方便、外观与使用环境是否协调、实际效果与预期是否接近等等。在体验的基础上,消费者将评价购买这一商品行动是否明智,这种对购买决策的检验和反省,对今后的购买行为有重要的参考意义,它将决定消费者今后是重复购买还是拒绝购买、是扩大购买还是缩小购买该品牌或该产品。

在买方市场上,消费者的意志过程可以迟迟不发生或不完全发生(心动但不行动),这可能是因为消费者对产品或服务还没有真正认识,或者还有很大的选择余地,所以消费者会多方比较,持币观望。企业这时需要做的就是要深入影响消费者认知,采取更有效的促销策略,让消费者产生购买行为,心动马上行动。

认识了消费者的一般心理活动过程,企业在营销过程中可以通过有效的广告与宣传沟通,满足消费者的认知过程;通过精彩的广告画面、企业人员形象、售点装饰、服务语言等,满足消费者的情绪过程;通过独特的市场定位,采取分期付款、限制销售、强调机会、降价等促销措施,满足消费者的意志过程,让消费者完成认知、情绪和意志的完整心理活动过程。

第三章 消费者行为的个性心理特征

第一节 消费者行为的个性心理概述

一、个性概述

(一)个性的概念

个性,有时也称为个性心理特征或人格。由于研究的目的、角度和侧重点的不同,人们关于个性的定义也不尽相同,心理学家从解释个体在不同的情景下行为模式的一致性这一目的出发,认为个性是指一个人特有的心理结构以及这种结构如何稳定的影响个人对其所处的环境做出反应的方式。珀温认为:"个性是指说明行为模式一致性的个体特征。"依据其观点,个性可以解释那些不随情景而改变的相对稳定的行为。因此测量个性即可预测行为。个性研究中测量出的个体性格结构特征也反映了一个个体区别于另一个个体的方式,因此个性也被看作是"一种将特性、态度、能力倾向等观念组合在一个个体身上的独特方式"。也有人从行为学的角度定义了个性:"个性是由癖性、习惯和使一个人同其他任何一个人区别开来的行为组成的。"艾森克等在综合的基础上进一步提出,个性是"形成人的动机的相对稳定的心理机制,它是由人的生物学上的内驱力和社会、物质环境之间交互作用所产生的"。因此,个性实际上可以看作是内在驱动力、习得动机和经验的函数。施契夫曼和卡努克认为:个性是指决定和折射个体如何对环境做出反应的内在心理特征。内在心理特征包括使某一个体与其他个体相区别的具体品性、特质、行为方式等各方面。

综合上述观点,可将个性定义为:个性是指个人心理活动的稳定的心理倾向和心理特征的总和。

(二)个性的特征

1. 个性的整体性

个性倾向性和个性心理特征及各构成部分是相互联系、相互制约的,构成完整的个性统一体。如果其中某一部分发生变化,其他部分也将发生变化。

2. 个性的稳定性

人的行为中比较稳定地表现出来的心理倾向和心理特征才能体现个性,偶然的行为和心理不能体现个性。比如一个理智型的消费者偶然表现出冲动型的购买行为,并不表明他是冲动型的购买者。

3. 个性的可塑性

个性并非一成不变,个性的稳定性是相对的。个性在主客观条件相互作用过程中发展起来,也在这个过程中变化。儿童的个性还不稳定,受环境影响较大;成人的个性稳定,但也受环境的影响。比如,长期处于一个不友好的环境中,外向型的性格也可能变得内向。

4. 个性的独特性

每个人的心理倾向和心理特征都与他人不同,世界上任何两个人之间的心理面貌都不可能完全相同。个性在遗传、环境、成熟和学习等诸多因素的影响下发展变化,这些影响因素及其作用方式、作用程度、相互关系不可能完全相同。

5. 个性的社会性

个性的独特性并不否认人与人之间在个性上的共同性。每个人都生活在一定的社会之中,个性的形成不可避免地要受到社会的影响,不可避免地具有人类的共性、种族与民族的共性、地域或群体的共性。离开了人类社会,人的心理就无法形成和发展,社会环境是个性发展和变化的决定因素。

6.个性的生物性

生物性是个性的生理基础,为个性的形成和发展提供了可能性,个性的社会性使这种可能性成为现实。

二、个性心理概述

(一)个性心理的概念

"个性"(Personality)一词来源于拉丁语 Persona,最初是指演员所戴的面具,其后是指演员和他所扮演的角色。心理学家引申其含义,把个体在人生舞台上扮演的角色的外在行为和心理特质都称为个性,有时也称人格。

关于个性的定义,迄今仍是众说纷纭。这里我们引用施契夫曼和卡努克对个性所下的定义:个性是指决定和折射个体如何对环境做出反应的内在心理特征。包括使某一个体与其他个体相区别的具体品性、特质、行为方式等多个方面。

正如自然界没有两片完全相同的树叶,人类没有两张完全相同的面孔一样,世界上也没有两个人具有完全相同的个性。在消费实践中,正是由于个性的绝对差异性,决定了消费者心理特征和行为方式的千差万别,同时显示出各个消费者独有的个人风格和特点。比如在选购商品时,有的消费者审慎思考,独立决策;有的则盲目冲动,缺乏主见。面对消费时尚时,有的消费者亦步亦趋,从众逐流;有的则固守己见,不为潮流所动。如此纷繁复杂的行为表现,正是消费者个性心理作用的表现。

诚如后面所要谈到的,构成个性的这些心理特征不仅对商品的选择产生影响,而且还会影响消费者对促销活动的反应,以及何时、何地、如何消费某种产品或服务。

(二)个性心理的形成与特点

1.个性心理的形成

心理学认为,人的个性是在先天生理素质的基础上,在后天社会环境的影响下,通过其本身的实践活动逐步形成和发展起来的。这里的生理素质是个性心理的生物属性,是人生来就有的解剖生理特点,主要包括感觉器官、运动器官、神经系统等的特点和类型。生理素质通过遗传获得,是个性心理产生的物质基础;后天实践则是个性心理的社会属性。个人所处的社会环境、生活经历、家庭影响等方面的因素,对个性心理的形成、发展和转变具有决定性作用。正是先天遗传因素与后天社会环境的不同,决定了消费者个性心理的相异。

2.个性心理的特点

个性作为反映个体基本精神面貌的本质的心理特征,具有相对稳定性、可变性、整体性、独特性或差异性等基本特性。这些特性在消费者的个性心理中明显地显现出来。

个性的相对稳定性是指经常表现出来的表明消费者个人精神面貌的心理倾向和心理特点。偶尔的、一时的心理现象,不能说明消费者个性的全部特征和面貌。但稳定性并不意味着一成不变,随着环境的变化、年龄的增长和消费实践活动的改变,个性也是可以改变的。正是个性的可变性特点,才使消费者的个性具有发展的动力。

个性的整体性是指消费者的各种个性倾向、个性心理特征及心理过程,不是彼此分割、孤立的,而是有机地联系在一起,紧密结合,相互依赖,形成个性的整体结构。

个性的独特性则是指在某一个具体的、特定的消费者身上,由独特的个性倾向及个性心理特征所组成的独有的、不同于他人的精神风貌,正是这些独有的精神风貌,使不同消费者的个性带有明显的差异性。

(三)个性心理特征的构成

个性心理特征是能力、气质、性格等心理机能的独特结合。其中能力体现个体完成某种活动的潜在可能性特征;气质显示个体心理活动的动力特征;性格则反映个体对现实环境和完成活动的态度上的特征,上述三者的独特结合,构成个性心理的主要方面。研究消费者的个性心理与其行为的关系,主要就是研究不同消费者在气质、性格等方面的差异及其在消费行为上的反映。

第二节　消费者的气质

一、气质的概念与特征

"气质"(英文)一词源于拉丁语 emperametnum,原意是比例、混合、掺和的意思,后被用于描述人们的兴奋、激动、喜怒无常等心理特性。它与人们常说的脾气、禀性差不多。现代心理学把气质定义为：气质是表现在人们心理活动和行为方面的典型的、稳定的动力特征。这些动力特征主要表现在心理过程的强度、速度、稳定性、灵活性及指向性上，如情绪体验的强弱与快慢、思维的敏捷性、知觉的敏锐度、注意集中时间的长短、注意转移的难易及心理活动倾向于外部世界还是内心世界等。

气质作为个体典型的心理动力特征，是在先天生理素质的基础上，通过生活实践，在后天条件的影响下形成的。由于先天遗传因素不同及后天生活环境的差异，不同个体之间在气质类型上存在着多种个别差异。如我们常会在现实生活中看到，有的人生来好动，有的人生来好静；有的人脾气温和，有的人性情暴躁；有的人动作麻利，有的人行动缓慢等，以上的区别就是心理学所称的气质区别。这种差异会直接影响个体的心理和行为，从而使每个人的行为表现出独特的风格和特点。

气质的差异和影响同样存在于消费者及其消费活动中。每个消费者都会以特有的气质风格出现在他所从事的各种消费活动中，而不依赖于消费的内容、动机和目的。购买同一商品，不同气质类型的消费者会采取完全不同的行为方式。因此，气质是消费者固有特质的一种典型表现。

作为个体稳定的心理动力特征，气质一经形成便会长期保持下去，并对人的心理和行为产生持久的影响。但是，随着生活环境的变化、职业的熏陶、所属群体的影响及年龄的增长，人的气质也会有所改变。所以，气质的稳定性是相对的，它会随着年龄的增长、环境的变化，特别是在教育的影响下，发生不同程度的变化。当然，这一变化是相当缓慢、渐进的过程。

此外，作为一种心理动力特征，气质还可以影响个体进行活动的效率和效果。在消费活动中，不同气质的消费者由于采取不同的行为表现方式，如态度的热情主动或消极冷漠，行动的敏捷或迟缓等，这些往往会产生不同的活动效率和消费效果。这一特征，正是人们在消费者心理与行为研究中关注气质研究的意义所在。

二、气质学说

长期以来，心理学家对气质这一心理特征进行了多方面研究，从不同角度提出了各种气质学说，并对气质类型做出了相应的分类，具体描述如下。

(一)体液说

古希腊著名医生希波克拉底最早提出了气质的体液学说，认为人体的状态是由体液的类型和数量决定的。他根据临床实践提出，这些体液类型有四种，即血液、黏液、黄胆汁和黑胆汁。根据每种体液在人体内所占比例不同,可以形成四种气质类型。血液占优势的属于多血质,黏液占优势的属于黏液质,黄胆汁占优势的属于胆汁质,黑胆汁占优势的属于抑郁质。希波克拉底还详细描述了四种典型气质的行为表现。由于他的理论较易理解,所以这一分类方法至今仍为人们所沿用。

(二)血液说

日本学者古川竹二等人认为,气质与人的血液具有一定联系。四种血型,即 O 型、A 型、B 型和 AB 型,分别构成了气质的四种类型。其中,O 型气质的人意志坚强、志向稳定、独立性强、有支配欲、积极进取;A 型气质的人性情温和、老实顺从、孤独害羞、情绪波动、依赖他人;B 型气质的人感觉敏感、大胆好动、多言善语、爱管闲事;AB 型气质的人则兼有 A 型和 B 型的特点。这种理论在日本较为流行。

(三)体形说

德国精神病学家瑞奇米尔根据临床观察研究,认为人的气质与体形有关。属于细长体形的人具有分裂气质,表现为不善交际、孤僻、神经质、多思虑;属于肥体形的人具有狂躁气质,表现为善于交际、表情活泼、热情;属于筋骨体形的人具有黏着气质,表现为迷恋、一丝不苟、情绪具有爆发性。

(四)激素说

激素理论是由柏曼提出的,他认为个体的气质特点是由其内分泌活动所决定的,人体内的各种激素在不同人身上有着不同的分布水平,从而形成不同的气质类型。某种激素水平较高,人的气质就带有某种特点。例如甲状腺机能发达的人精神容易亢奋,具有感觉灵敏、意志坚强等特征;而肾上腺分泌增多者则表现出情绪激动、爱动好斗等特征。

(五)高级神经活动类型说

苏联心理学家巴甫洛夫通过对高等动物的解剖实验,发现大脑两半球皮层和皮层下部位的高级神经活动在心理的生理机制中占有重要地位。大脑皮层的细胞活动有两个基本过程,即兴奋和抑制。兴奋过程引起和增强大脑皮层细胞及相应器官的活动,抑制过程则阻止大脑皮层的兴奋和器官的活动。这两种神经过程具有三大基本特性,即强度、平衡性和灵活性。所谓强度,是指大脑皮层细胞经受强烈刺激或持久工作的能力。所谓平衡性,是指兴奋过程的强度和抑制过程强度之间是否相当。所谓灵活性,是指对刺激的反应速度和兴奋过程与抑制过程相互替代和转换的速度。

65

巴甫洛夫正是根据上述 3 种特性的相互结合,提出了高级神经活动类型的概念,并据此划分出高级神经活动的 4 种基本类型,即兴奋型、活泼型、安静型和抑制型,并指出所谓气质就是高级神经活动类型的特点在动物和人的行为中的表现。具体来说,兴奋型的人表现为兴奋过程时常占优势,且抑制过程不平衡,情绪易激动,暴躁而有力,言谈举止有狂热表现。活泼型的人神经活动过程平衡,强度和灵活型都高,行动敏捷而迅速,兴奋与抑制之间转换快,对环境的适应性强。安静型的人神经活动过程平衡,强度高但灵活性较低,反应较慢而深沉,不易受环境因素的影响,行动迟缓而有惰性。抑制型的人其兴奋和抑制两种过程都很弱,且抑制过程更弱些,难以接受较强刺激,是一种胆小而容易伤感的类型(如表 3-1 所示)。

由于巴甫洛夫的结论是在解剖实践基础上得出的,并得到后人的研究证实。因此,其科学依据充分。同时,由于各种神经活动类型的表现形式与传统的体液说有对应关系。因此,人们通常把两者结合起来,以体液说作为气质类型的基本形式,而以巴甫洛夫的高级神经活动类型说作为气质类型的生理学依据。

表 3-1　高级神经活动与气质的对应关系

神经系统的特征		神经系统的类型	气质类型
强	不平衡(兴奋占优势)	兴奋型	胆汁质
	平衡　灵活性高	活泼型	多血质
	平衡　不灵活	安静型	黏液质
弱	不平衡(抑制占优势)	抑制型	抑郁质

巴甫洛夫关于高级神经活动的学说,为研究气质的生理基础提供了科学的途径。但实际生活中,单纯属于某一种气质类型的人并不常见,更多的是介于 4 种类型的中间状态,或者以一种气质为主,兼有其他气质特征,即属于混合型气质,如胆汁—多血质、多血—黏液质等。另外,人的气质主要受制于生物组织,与先天的遗传因素关系密切,无所谓好坏。一般而言,任何一种气质类型都有积极的方面,也有消极的方面,它对人们心理活动的进行和个性品质的形成会产生正面或负面的影响。

三、气质的类型

古希腊医生希波克拉底就认为人体内有四种体液,即血液、黏液、黄胆汁和黑胆汁,不同的人体内占优势的体液不同。后来古罗马医生盖伦用这种体液学说来解释气质,认为某种占优势的体液决定一个人的气质。后人正是在此理论的基础上,逐步形成了气质类型学说。

多血质的典型特点是主动、活泼、快乐、好动、灵活,喜欢与人交往,善于交际,注意力容易转移,兴趣广泛但不持久,情绪变化快。

胆汁质的典型特点是主动、直率、易怒、易兴奋、精力旺盛、暴躁,行动来得快,去得也快。

黏液质的典型特点是被动、安静、稳重、行动缓慢,沉默寡言、善于克制忍耐、情绪不易外露,注意力稳定、惰性较强。

抑郁质的型特点是被动、多疑、孤僻、忧郁、易哀愁、抑制力强、内心敏感、情绪体验深刻、反应速度慢,善于细心觉察别人不易觉察的事物和人际关系。

假设有四个典型的分别属于不同类型的人一起去看戏,但到了剧院门口被门卫挡住不让进,因为他们迟到了,这时四人的典型表现可能是:多血质的人会笑嘻嘻地与门卫搭讪,以获得门卫的好感并放他进去;胆汁质的人可能会与门卫争吵起来,甚至大打出手;黏液质的人可能按照门卫的指示,规规矩矩地坐在那里等下一场;抑郁质的人则可能唉声叹气地回家去,并一路感慨自己总是遇到倒霉的事。

著名的俄国生物病理学家巴甫洛夫通过对高等动物的研究,并根据高级神经活动的强度、平衡和灵活性等三个基本特征,把高级神经系统的活动划分为不可抑制型、活泼型、安静型和弱型等四种类型。四种神经活动类型与希波克拉底的四种气类型正好一一对应,这样,巴甫洛夫的高级神经活动学说就为气质分类提供了较为科学的依据。现代心理学依据人的高级神经活动类型,提出气质类型可以分为兴奋型、活泼型、安静型和抑制型等四种。兴奋型对应的是胆汁质,活泼型对应的是多血质,安静型对应的是黏液质,抑制型对应的是抑郁质。

气质类型本身并无好坏之分,每种气质都有积极和消极的一面,对人能力高低、成就大小和品德的好坏不起决定作用,但对人的某些心理和行为活动起着一定的影响。如果认为气质就决定了人的一切,就是认为人一出生就被决定了,这是宿命论。

多血质与黏液质是最常见的气质类型,多数人都是这两种气质类型的表现。而胆汁质与抑郁质是少数人的气质类型,但这两种气质类型的情绪与行为表现却很明显,让人可能一眼就看出。胆汁质是多血质的进一步的外倾,抑郁质是黏液质进一步的内向。

人际交往单从气质来说,一般而言,多血质与黏液质往往是理想的搭配,多血质与胆汁质、抑郁质,黏液质与抑郁质、胆汁质都是可以配合在一起的。只是胆汁质与胆汁质之间、抑郁质与抑郁质之间、胆汁质与抑郁质之间的配合可能存在更多的障碍。

　　人往往不是只有一种气质类型,是多种气质类型的混合,但又往往是以一种气质类型为主。气质尽管是先天的,但后天的力量可以影响气质,改变原来的气质表现。

　　根据"体液说""神经说"和"色彩说"等内容,可以把人性天性方面的特点做一个列表总结,通过总结人40种性格特质的强弱,可以简明扼要地展现出不同气质类型的人的具体特点(表3-2)。

表3-2　不同气质类型的人在各种性格特质维度上的比较

天性特点	多血质—活泼型 红色	黏液质—安静型 绿色	胆汁质—兴奋型 黄色	抑郁质—抑制型 蓝色
快乐	强	中	中	弱
平和	中	强	弱	弱
成就	中	中	强	中
完美	中	中	弱	强
仁慈	强	强	弱	中
目标	中	中	强	中
情趣	强	中	中	弱
情谊	中	强	中	强
思考	中	强	弱	强
自我	由	弱	强	强
浪漫	强	中	中	弱
反应	强	中	强	弱
行动	强	由	强	弱
支配	中	中	强	弱
征服	中	中	强	弱
力量	中	中	强	弱
简单	由	强	弱	弱
稳定	中	强	弱	强
耐心	中	强	弱	中
宽容	中	强	弱	弱
大方	中	中	强	弱
开朗	强	中	强	弱
果断	强	中	强	弱
表达	强	中	强	弱
助人	强	中	中	弱
严谨	中	中	弱	强
变化	强	中	中	弱
忠诚	中	强	中	强
细致	中	中	弱	强

续　表

天性 特点	多血质—活泼型 红色	黏液质—安静型 绿色	胆汁质—兴奋型 黄色	抑郁质—抑制型 蓝色
敏感	中	中	弱	强
痛苦	弱	中	中	强
热情	强	中	强	弱
激情	中	中	强	弱
绝情	弱	弱	强	中
孤傲	弱	中	中	强
记仇	弱	弱	强	强
报复	弱	弱	强	中
疑虑	弱	中	弱	强
苛刻	弱	中	弱	强
固执	弱	中	强	强

以上40个性格特质关键词都是人性在社会中最核心的心理和行为表现，从天性来看，不同气质类型的人在其天性中其实已经有了未来自己的影子。其中表现"强"和"弱"的往往是后天难以改变的，正所谓"本性难移"；而在中间的"中"往往是看后天的环境及性格塑造了，正所谓"近朱者赤，近墨者黑"。后天环境中的个人的出生地、社会背景、家庭背景、教育背景及父母的先天气质和性格都会对当事人最后的性格产生深刻影响。一个天真的孩子尽管有着先天不同的气质类型，但最后的性格形成是先天因素和后天社会化共同作用的结果，而后天因素会起着最终决定性的影响。比如，如果一个人天生是蓝色的气质类型，其父母也都是蓝色性格的人，周边教育他的人也多蓝色性格类型的，那就会强化这个人先天的气质特征；而如果他父母或者周边的人多是绿色、红色或者黄色性格类型的，那他未来性格中的蓝色就会发生改变或者增加别的颜色。

感兴趣的读者，可以逐一考察一下自己在这40个性格特质维度上的表现，看看自己与哪种气质类型最相符。

四、气质与消费者行为

气质使每个人的心理与行为活动都涂上了个人独特的色彩。消费者不同的气质类型，会直接影响和反映到他们的消费行为中，使之显现出不同的，甚至截然相反的行为方式、风格和特点。对不同气质类型的消费者来说，以胆汁质、多血质、黏液质和抑郁质为主的消费者在消费过程中的主动性、理智性、果断性和敏感性等方面都有较大差异。

(一)胆汁质与多血质的消费者行为特点

以胆汁质和多血质为主的消费者在消费行为中通常表现出积极主动,善于同售货员进行接触和交谈,积极提出问题并寻求咨询,有时还会主动征询其他在场顾客的意见,表现得十分活跃。他们往往心直口快,言谈举止比较匆忙,一旦见到自己满意的商品,往往会果断地做出购买决定,并迅速实施购买,而不愿花费太多的时间去比较选择。

胆汁质和多血质的消费者在消费体验方面不太敏感,他们不过分注重和强调自己的心理感受,对于购买和使用商品的满意程度不十分苛求,表现出一定程度的容忍和粗疏。

以胆汁质为主的消费者容易感情冲动,经常凭个人的兴趣、偏好及对商品外观的好感而选择商品,对于商品的性能与实用性则不过多考虑。他们喜欢追求新产品,容易受广告宣传、商品外观、品牌、社会时尚、他人劝说,以及购买环境的影响而即兴购买。他们在消费行为上为了赶时髦,讲奇特,求新颖,往往不问商品质量、价格、用途就贸然购买,事后又常常后悔要求退货。他们语言直率,情绪热烈,比较外露。

以多血质为主的消费者往往富于联想和激情,兴趣转换快,容易受情绪的影响;审美感觉灵敏,比较注重商品和服务的象征意义。商品的外部选型、颜色、命名都能引起这类消费者丰富的想象和联想,其购买行为中的情感色彩很浓。

(二)黏液质和抑郁质的消费者行为特点

以黏液质和抑郁质为主的消费者比较消极被动,通常要由售货员主动进行询问,而不会首先提出问题,因而不太容易沟通。他们在挑选商品时则显得优柔寡断,十分谨慎,动作比较缓慢,挑选的时间也比较长,在决定购买后易发生反复。黏液质和抑郁质的消费者在消费体验方面比较深刻,他们对购买和使用商品的心理感受十分敏感,并直接影响到心境及情绪,在遭遇不满意的商品或受到不良服务时,经常做出强烈的反应。

黏液质的消费者比较冷静慎重,能够对各种商品的内在质量加以细致地选择与比较,通过理智分析做出购买决定,同时善于控制自己的情绪,不易受广告宣传、外观包装及他人意见的影响。

(三)消费者的其他分类

在购买活动中,消费者通常会带有特别的言谈举止、反应速度、精神状态等一系列表现,这些表现都会不同程度地将其气质反映出来。根据消费者气质类型对消费者行为的影响,还可以对消费者进行更详细的分类。

1. 按消费者选购商品的速度分类

①急切型。此类消费者性格外向、心直口快,选购商品时显得急切、匆忙,一般对所接触到的第一件合意的商品就想买下,不愿意反复选择、比较。因而,往往是快速地,甚至是草率地做出购买决定。他们一到商店就急于完成购买任务,如果等待时间过长或营业员工作速度慢、效率低,就会激起他们的不满情绪。

②随机型。此类消费者个性温和、宽容谦让,往往既有主见,又尊重他人意见,在购买过程中处事灵活。虽然他们也希望能够挑选、比较,但如果遇到顾客多或营业员忙时,他们就会动作快,少挑选,反之就挑选仔细些。

③迟疑型。此类消费者选购商品时往往优柔寡断、迟疑不决,对营业员及其他人的介绍将信将疑,挑选商品小心谨慎,动作迟缓,时间长,还经常因犹豫不决而放弃购买。

2. 按消费者购买过程的情感反应程度分类

①沉静型。此类消费者不善交际、沉默寡言,表情动作不明显,挑选商品认真仔细,一般不愿与营业员谈论与自己购物无关的话题,也不愿与购买现场的其他消费者多接触,信任文静、稳重的营业员。如果对这类消费者过于热情或言语不当,很容易引起他们的反感。

②活泼型。此类消费者性格外向,热情开朗,善于交际,愿意与营业员交换意见或者与其他消费者攀谈,有时会主动告诉别人自己购买某种商品的原因和用途,喜欢向别人讲述自己的使用感受和经验,容易接受他人的意见。其极端表现是口若悬河,谈起话来忘乎所以。

③冲动型。此类消费者情感变化快而强烈,喜欢追求新产品,受商品外观、本人兴趣、广告宣传和时尚的影响较大,其言行主要受感情支配,购买态度可能在短时间内发生剧烈变化。

第三节 消费者的性格

一、性格的概念

性格是个性特征中最重要、最显著的心理特征,是一个人区别于他人的主要的心理标志。

"性格"一词源于希腊语,意思是印记、特点、特色、记号、标记,主要用来表示事物的特征。现代心理学中,性格指个人对现实的稳定态度及与之相适应的、习惯化的行为方式。

对性格定义的理解应注意以下 4 点。

(一)性格是人对现实的态度及其行为方式的概括化与定型化的结果

人对现实的态度就是对社会、集体、他人和自己的看法和评价,是一个人的世界观、人生观的集中体现。人们生活在社会中,不可能不对各种有关事物产生一定的看法,做出一定的选择,采取一定的行为方式,这个过程就是性格的表现。

(二)性格指一个人独特的、稳定的个性心理

性格有很大的个体差异,每个人对事物的看法都自成体系,行为表现也有其独到之处,这是由每个人的具体生活条件和教育条件不同所致。性格又是比较稳定的,因为它是人对事物的态度、行为方式的概括化和定型化的结果。在某种情况下,那种属于一时的、情境性的、偶然的表现,不能构成人的性格特征。例如,一个人在偶然的场合表现出胆怯行为,不能就此认为这个人具有怯懦的性格特征。也就是说,性格必须是经常出现的、习惯化的、从本质上最能代表一个人个性特征的那些态度和行为特征。因此,如果我们了解一个人的性格,就能预料他在某种情况下会表现出什么样的态度和行为。

当然,性格的稳定性也不是绝对的,性格还有可塑的一面。除了重大事件的影响外,性格的改变一般都要经过较长时间的环境影响和主体实践。

(三)性格与气质既有联系又有区别

气质主要指个体情绪反应方面的特征,是个性内部结构中不易受环境影响的比较稳定的心理特征;性格除了包括情绪反应的特征外,更主要地还包括意志反应的特征,是个性结构中较易受环境影响的、可变的心理特征。此外,性格与气质又有相互渗透、相互影响、互为作用的关系。气质可以影响性格特征的形成和发展速度,以及性格的表现方式,从而使性格带有独特的色彩。性格则对气质具有重要的调控作用,它可以在一定程度上掩盖或改造气质,使气质的消极因素受到抑制,积极因素得到发挥。

(四)性格是个性特征中最具有核心意义的心理特征

其核心地位表现在两个方面。一方面,在所有的个性心理特征中,唯有人的性格与个体需要、动机、信念和世界观联系最为密切。人对现实的态度直接构成了个体的人生观体系,人的各种行为方式也是在这种态度体系的影响和指导下逐渐形成的。因此,性格是一个人道德观和人生观的集中体现,具有直接的社会意义。人的性格受社会行为准则和价值标准的评判,所以有好坏之分,这一点是与气质有明显区别的。另一方面,性格对其他个性心理特征具有重要的影响。性格的发展制约着能力和气质的发展,影响着能力和气质的表现。

二、性格的特征

性格反映了一个人一定的独特性,它是由多个侧面和不同的层次构成的复杂综合体。人的性格复杂多样,每个人的性格正是通过不同方面的性格特征表现出来的,各种特征有机结合,形成各自独具特色的性格统一体。具体来说,性格的特征有如下几个方面。

(一)性格的态度特征

人对现实的稳定的态度系统,是性格特征的重要组成部分。性格的态度特征表现为个人对现实的态度倾向性特点,如对社会、集体和他人态度上的差异;对劳动、工作和学习态度上的差异;对自己态度上的差异等。这些态度特征的有机结合,构成个体起主导作用的性格特征,性格的态度特征属于人的道德品质的范畴,它是性格的核心。

(二)性格的理智特征

性格的理智特征是指人们在感知、记忆、想象和思维等认知方面的个体差异。它表现为不同的个体心理活动的差异。如在感知方面是主动观察型还是被动感知型;在思维方式方面是具体罗列型还是抽象概括型;在想象力方面是丰富型还是贫乏型等。

(三)性格的情绪特征

性格的情绪特征表现为个人受情绪影响或自我控制情绪程度和状态的特点,如个人受情绪感染和支配的程度、情绪受意志控制的程度、个人情绪反应的强弱或快慢、情绪起伏波动的程度、情绪主导心境的程度等。

(四)性格的意志特征

性格的意志特征是指个体对自己的行为进行自觉调节的能力,表现在个人自觉控制自己行为以及行为的努力程度方面,例如,是否具有明确的行为目标、能否自觉调节和控制自身的行为、在意志行动中表现出的是独立性还是依赖性、是主动性还是被动性,是否坚定、顽强、忍耐和持久等。

三、性格的形成与分类

(一)性格的形成

人的性格除了先天的因素,还有后天的环境影响和教育的结果。一个人出生时,只是神经系统的个性差异,而无所谓性格特征。儿童在很小时,并不能意识到自己对现实的态度,也没有形成自身独特的行为习惯。性格是在成长过程中,在家庭、学校、社会等环境和教育条件的影响下,通过自己的主动实践活动逐渐形成的。当然,就生理因素来说,先天遗传因素对人的性格也起着不可忽视的影响作用。

性格的形成与发展,是贯穿于人整个一生的过程,并不仅限于儿童期、少年和青年期。性格的形成与发展大体经过如下五个阶段:第一阶段,性格产生期,在3~12周岁之间;第二阶段,性格定型期,在13~18周岁之间;第三阶段,性格发展期,在19~30周岁之间;第四阶段,性格成熟期,在31~55周岁之间;第五阶段,性格更年期,56~65周岁之间。

1. 产生期

性格的产生期是指人的幼年、童年和少年时期。"三岁看大"主要是说这个孩子的生理及自然表现预示出的未来。在三岁之前,孩子一般还在家庭里生活,个人的自理能力和认知能力都还不强,这个时期的孩子一般被称为婴儿期。到了三周岁,孩子的认知能力已经有了很大的发展,这个时期就要进入幼儿园生活,这也是孩子性格形成的最初时期,孩子主要是模仿大人的言行举止,家长、老师让孩子耳濡目染了什么信息,就会给孩子幼小的心灵种下什么种子。产生期是孩子形成良好性格的"黄金十年",这期间,家长、学校和社会承担着决定性的影响。家长是这个时期的第一任老师,父母的言行对孩子的性格形成会产生直接的和潜移默化的最重要影响,许多孩子与父母的性格往往都会比较相似。

心理研究表明,家长及老师等人对孩子的教育和态度体现出信任、民主和容忍,这个孩子的意志往往就比较坚强,情绪比较稳定,自发努力也较强,对别人友好程度高,敌对行为低;如果家长及老师等人对孩子的教育和态度是严厉、干涉和支配,这个孩子在意志品质、情绪稳定、自发努力、对他人的友好态度方面则往往表现不佳(表 3-3)。

表 3-3　养育态度和孩子性格的关系

父母的态度	孩子的性格
支配	消极、缺乏主动性、依赖、顺从
干涉	幼稚、胆小、神经质、被动
娇宠	任性、幼稚、神经质、温和
拒绝	反馈、冷漠、自高自大
不关心	攻击、情绪不稳定、冷酷、自立
专制	反抗、情绪不稳定、依赖、服从
民主	合作、独立、温顺、社交

　　从小培养孩子良好的性格品质十分重要,良好的性格品质最重要的是一个人的道德品质。道德品质也就是对价值观念的认定。古人对孩子教育的启蒙学经典读物《弟子规》里对人应该建立什么样的道德品质就说得很清楚:"首孝悌,次谨信,泛爱众,而亲仁,行有余,则学文。"老子在其《道德经》里也说:"道生之而德蓄之,物形之而器成之。"

　　良好的性格品质还体现在生活中能快乐活泼、安静专注、勇敢自信、勤劳善良,具有独立精神和创造精神等方面。性格的培养是有规律的,不靠简单的说教和打骂,而是靠不露痕迹的"潜教育",包括环境育人、行为育人、爱的教育和积极暗示等。家长在这个时期的教育是起主导作用的,好的家教就此也就影响了一个人的一生。

　　良好的性格品质体现在轻物欲重修养,反映在消费上,就会对人的消费方向、消费兴趣和行为产生决定性的影响。从小就培养起孩子良好的消费习惯和行为是孩子生活中的大事,这意味着孩子未来可能建立的消费观念和消费兴趣品质。

　　现在的孩子从小就生活在充满商业气息的社会里,天天被企业的各种各样的广告宣传包围,孩子很难不受物欲的诱惑。企业营销者一方面有宣传自己的商品,引导消费,维护企业自身利益的重任,另一方面也负有宣传提倡正确的价值观念的社会责任。营销者自己的性格品质也影响了企业的营销行为及消费者的消费意识与行为。

　　2.定型期

　　这个时期的特点是:孩子对外部事物和本身充满了好奇、幻想,情感开

75

始丰富,易受暗示,但这个时期的孩子也开始叛逆,听不进一些他不认同的意见,识别能力较差。这个时期学校教育体现出权威性,好的集体及学校教育有助于孩子形成合群、勇敢、利他、自制的性格。当然家庭教育同样具有重要的意义,对孩子塑造良好性格品质一贯的坚持会在这个时期起到开花结果的效果。这个时期也是对孩子各种异议的处理时期,外界的许多事物和观点可能对孩子产生和过去的教育相冲突、相违背的状况,这时家长和老师对孩子的这些冲突如果处理得不好,就可能会前功尽弃,处理得好,孩子就会接受良好的性格品质。这个时期社会环境的影响决不能忽视,因为这个时期的孩子对外部世界充满了好奇与未知,社会环境的好坏会对孩子的性格产生直接或者间接的重大影响,甚至家庭教育和学校教育的力量都不及社会环境的力量。

在消费方面,这个时期的孩子自主消费意识已经较强,喜欢接受新的事物和产品,消费的产品范围也会大大增加,物欲也会进一步增强。这既是企业的机会,也是企业的责任,企业提供给青少年什么样的产品,倡导什么样的消费,都会对孩子的消费观念产生重大影响。

3. 发展期

性格的发展期是指人已经成年,是成年期里青年的时期,这个时期里人的主要特点是人的生理发育已经基本完成,在心理上则自我意识强,充满活力,有朝气,喜欢探究未知与思想。如果读大学,大学应该是人的哲学化时期,人在这时应该形成自己性格的理论系统。这个时期教育的主要力量来自学校和社会环境,特别是社会环境会对人性格的丰富和确定起着很大的作用。

这个时期的性格落实到消费观方面,就是会形成一个人的消费兴趣品质和生活方式。企业营销中最重要的一个消费群体就是青年人。青年人是消费的主力军,因为他们追求新事物,追求时尚和前卫,感性消费,在消费中放得开,甚至愿意成为"月光一族",所以企业往往不遗余力地面对这样的群体大搞促销活动,青年人成了企业获取利润的重要来源。企业愿意宣传什么样的消费观念,在产品或服务中表现什么样的个性和象征,是和消费者的性格密切相关的。企业不但要善于发现目前消费者的人生价值观和消费价值观,而且还要善于引导甚至创造消费者的人生价值观和消费价值观。

4. 成熟期

性格的成熟期是指成年期中有稳定的性格体现,在道德观、价值观、人生观和消费观等方面有稳定表现。性格的成熟期主要包括了青年和中年时期,是人一生中精力、经验、智力、智慧最高的时期。因为有前面三个时期的发展,到了成熟期的人很难再改变自己的性格特征。

性格成熟期的人也体现出消费的成熟,消费者不但会延续原来的消费观,而且往往在消费中更讲求理性。企业面对这样的消费者就要诉诸成熟的消费观念,企业的价值观符合了消费者的消费价值观和人生价值观,消费者往往就能成为企业的用户。

5.更年期

更年期是一个人的生理从成熟走向衰老的过渡时期,是衰老过程的一个转折点。生理的更年期一般是指女性 45～55 岁,男性 55～65 岁这一年龄阶段。这一时期的人情绪不够稳定,易激动,易怒,易紧张和焦虑,注意力不够集中,不易集中自己的思想和精力,心理敏感性增强,记忆力减弱。更年期的性格变化是指人因为生理上的变化而导致性格上出现某些变异,往往出现保守、僵化、独断的性格,而不同于更年期前的性格。克服这些性格变化的关键在于加强更年期的自身修养,过去良好的性格品质往往能有效地抵御生理上更年期导致心理上的变化。

面对消费者更年期的性格变化,其主要对象是老年人,营销者更要选对所提供的产品或服务,多提供能让老年人健康、安静、修身养性的产品或服务。而面对更年期所产生的不利生理和心理特征,营销者更要用宽容、友善的心态去面对这样的消费者,为他们提供更人性、更仔细的服务。

(二)性格的分类

心理学家们曾经以各自的标准和原则,对性格类型进行了分类,下面是几种有代表性的观点。

(1)从心理机能上划分,性格可分为理智型、情感型和意志型。这是英国心理学家倍因等提出的分类。理智型的人通常以理智来评价周围发生的一切,并以理智支配和控制自己的行动,处世冷静;情感型的人通常用情感来评估一切,言谈举止易受情感左右,这类人最大的特点是不能三思而后行;意志型的人行动目标明确,主动、积极、果敢、坚定,有较强的自制力。除了这三种典型的类型外,还有一些混合类型,如理智—意志型等。

(2)从心理活动倾向性上划分,性格可分为内倾型和外倾型。这是瑞士心理学家荣格的观点。荣格根据一个人力比多的活动方向来划分性格类型,力比多指个人内在的、本能的力量。力比多活动的方向可以指向内部世界,也可以指向外部世界。前者属于内倾型,其特点是处世谨慎,深思熟虑,交际面窄,适应环境能力较差;后者为外倾型,其特点是心理活动倾向于外部,活泼开朗,活动能力强,容易适应环境的变化。

(3)从个体独立性上划分,性格分为独立型和顺从型。美国心理学家威特金等人把性格分为顺从型和独立型两类。顺从型倾向于以外在参照物作为信息加工的依据,他们易受环境或附加物的干扰,常不加批评地接受别人的意见,应激能力差;独立型的人不易受外来事物的干扰,习惯于更多地利用内在参照即自己的认识,他们具有独立判断事物、发现问题、解决问题的能力,而且应激能力强。

(4)根据人们不同的价值观,把人的性格分为经济型、理论型、审美型、宗教型、权力型和社会型。这是德国心理学家斯普兰格从文化社会学的观点出发,根据人认为哪种生活方式最有价值,做出的性格类型分类。经济型的人一切以经济观点为中心,以追求财富、获取利益为个人生活目的。实业家多属此类。理论型的人以探求事物本质为人的最大价值,但解决实际问题时常无能为力。哲学家、理论家多属此类。审美型的人以感受事物美为人生最高价值,他们的生活目的是追求自我实现和自我满足,不大关心现实生活。艺术家多属此类。宗教型的人把信仰宗教作为生活的最高价值,相信超自然力量,坚信永存生命,以爱人、爱自然为行为标准。神学家是此类人的典型代表。权力型的人以获得权力为生活的目的,并有强烈的权力意识与权力支配欲,以掌握权力为最高价值。领袖人物多属于此类。社会型的人重视社会价值,以爱社会和关心他人为自我实现的目标,并有志于从事社会公益事物。文教卫生、社会慈善等职业活动家多属此类型。

现实生活中,往往是多种类型的特点集中在某个人身上,但常以一种类型特点为主。

四、性格与消费者行为

消费者千差万别的性格特点,自然地表现在他们的购买活动中,从而形成千差万别的消费行为。性格在消费行为中的具体表现可从不同角度做多种划分。

(一)从消费态度角度,可以分为节俭型、保守型、自由型、顺应型

节俭型消费者,在消费观念和态度上崇尚节俭,讲究实用。选购商品过程中以物美价廉作为选择标准,经常按照自己的购物经验来购买,注重商品的实用性和质量,不在意商品的外观造型、包装及品牌,不喜欢过分奢华、高档昂贵、无实用价值的商品。

保守型消费者,在消费态度上较为严谨,生活方式刻板,性格比较内向,

怀旧心理较重,习惯于传统的消费方式,选购商品时,喜欢购买传统的和有过多次使用经验的商品,对新产品、新观念持怀疑、抵制态度,不随愿冒险尝试新产品。

自由型消费者,在消费观念和态度上比较浪漫,生活方式比较随意,选择商品标准往往多样化,比较注重商品的外观,容易受外界环境及广告的诱导,能接受售货员的推荐和介绍,但不会依赖售货员的意见和建议,一般有较强的购买技巧。

顺应型消费者,在消费态度上比较随和,生活方式大众化,受同事、邻居、朋友等社会群体因素的影响较大,容易接受广告与营销人员的诱导和推荐,能够随着社会发展,时代变迁不断调节、改变自己的消费方式和消费习惯。

(二)从购买行为方式角度,可以分为习惯型、慎重型、挑剔型、被动型

习惯型消费者,这类消费者在购买商品时习惯性地参照以往的购买和使用经验。当他们对某种品牌的商品熟悉并产生偏爱后,会经常重复购买,不容易改变自己的观点、看法,购买行为习惯化,受社会时尚、潮流影响较小。

慎重型消费者,这类消费者大都沉稳、持重,做事冷静、情绪不外露。在选购商品时,通常根据自己的实际需要并参照以往购买经验,经过慎重的权衡和考虑,并经过认真的比较和选择之后,才会做出购买决定。在购买过程中,受外界影响小,不易冲动,具有较强的自我抑制力。

挑剔型消费者,这类消费者大都独立性强,有的则表现为性情孤僻,具有一定的商品知识和购买经验,在选购商品时很有主见,非常细致深入,有时甚至过于挑剔,很少征询或听从他人意见,对营业员的解释说明常常持怀疑和戒备心理。

被动型消费者,这类消费者比较消极、被动、内向,多数不经常购买商品,缺乏商品知识和购买经验,在选购过程中缺乏自信和主见,对商品没有固定的偏好,渴望得到别人的意见和建议,营销人员的宣传和推荐往往会对其购买行为产生较大影响。

应该指出的是,上述按消费态度和购买方式所做的分类,只是为了便于我们了解性格与人们消费行为之间的内在联系,以及不同消费性格的具体表现。现实购买活动中,由于消费者心理和行为的复杂性,以及购物环境的影响,消费者的性格经常难以按照原有的面貌表现出来,所以在观察和判断消费者的性格特征时,应特别注意其稳定性,而不应以一时的购买表现来判

断其性格类型。

第四节　消费者的能力

一、能力的概念

能力是指直接影响活动效率,使活动顺利完成的个性心理特征。能力是与完成一定的活动相联系的,只有活动才能了解和发展人的能力。一般地说,要顺利完成某项活动,只具备某一种能力是不能胜任的,需要各种能力的结合,各种能力地结合在心理学中称为才能。记忆与注意特征、能力与智力特征等心理品质不是对立的,如果这些品质符合某种活动的要求,或者由于活动要求而形成,这些品质也可以看成是某种能力。

二、能力的分类与差异

(一)能力的分类

1.根据能力的倾向性,可以分为一般能力与特殊能力。

一般能力是指个体完成一切基本活动都必须具备的能力,包括观察能力、表达能力、学习能力、控制能力、沟通能力、记忆能力、想象能力、思维能力(分析能力、综合能力)、判断能力、理解能力、解决问题能力等。智力是包含学习能力、思维能力、理解能力和解决问题能力的一种综合能力。智力的核心是思维能力,创造能力是智力的高级表现。

特殊能力是指从事某种专门活动所必须具有的能力,它又称为专门能力,如专业能力、写作能力、绘画能力、音乐能力、策划能力、组织领导能力等。

一般能力与特殊能力是密切联系、相辅相成的,在完成活动中共同起作用。任何特殊能力的发展都离不开一般能力,而特殊能力的发展也对一般能力能有所促进和提高。

2.根据能力的功能,可以分为认知能力、操作能力与社交能力。

认知能力是指个体学习、研究、理解、概括和分析的能力,它是人们成功地完成活动最重要的心理条件。操作能力是指操作、制作和运动的能力,如劳动能力、体育运动能力等都被认为是操作能力。社交能力是指人们在社会交往活动中所表现出来的能力,如组织管理能力、言语表达能力、沟通能力、适应能力等都被认为是社交能力。

3.根据能力的性质,可以分为模仿能力和创造能力。

模仿能力是指仿效他人的言行举止而引起地与之相类似的行为活动能力。创造能力是指产生新思想,发现和创造新事物的能力。

创造力是人类区别于动物的最根本的标志之一,也是智力开发的最高目标,创造力的培养无论对于个体、还是对于整个民族与人类,都具有重大而深远的意义。创造力人人皆有,但表现在每个人身上的创造力的大小,除了部分受遗传因素影响外,主要取决于后天创造力开发的程度。集中思维对创造力的作用是不可缺少的,但相比而言,发散思维对创造力的作用更大一些。

富有创造性的人格特征主要表现在:有高度的自觉性和独立性,不与他人雷同;有旺盛的求知欲和好奇心;知识面广,善于观察;工作中讲求条理性、准确性与严格性;有丰富的想象力、敏锐直觉、喜好抽象思维,对智力活动与游戏有广泛的兴趣;富有幽默感,表现出卓越的文艺天赋;意志品质出众,能排除外界干扰,长时间地专注于某个感兴趣的问题之中。

消费者在消费中的能力同样体现在一般能力和特殊能力上,消费者的认识能力、判断能力、思维能力、专业能力等都会对其购买行为形成重要的影响。消费者的模仿能力状况可以提醒企业通过寻找合适的意见领袖来引导消费者模仿消费。消费者的创造能力状况提醒企业提供可以激发消费者创造性需求、创造性兴趣和创造性快感的产品,比如提供让消费者进行游戏或者艺术创作等方面的消费品。

(二)能力的差异

人与人之间在能力上存在着个别差异,正是这些差异决定了人们的行为活动具有不同的效率和效果。能力的差异主要表现在下面几个方面。

1.能力水平的差异

水平差异表现在同种能力的水平高低上。能力水平的高低又集中体现在人的智商(IQ)水平的差异上。心理学研究表明,人的智商状况基本呈正态分布,其中特优智能和智障者大约各占 2.5%,而 95% 的人口智商处在正常范围内。如记忆能力,有些人就能过目不忘,而有些人却总是记不住。

消费者的这方面差异要求企业营销者要多和消费者进行有效、重复的沟通。普通消费者一般是非专家购买，能力水平明显和专家购买存在差异，营销者一定要区别对待。

2.能力类型的差异

主要指人与人之间具有不同的优势能力。能力的类型差异主要有：能力的知觉差异、能力的记忆差异、能力的想象差异、能力的思维差异等。每个人可能都有在某一个方面的优势，但在另一方面没有优势。

在消费实践中，正是由于消费者在优势能力类型上存在着千差万别，才使消费活动的效率与效果明显不同。企业营销者要善于分析这种差异，并采取有效的对策来应对这种差异。

3.能力性别的差异

心理学研究表明，男女之间的性别会导致性别方面的能力差异。感知方面，女性感知一般优于男性，但在空间知觉能力方面不如男性，女性更容易产生各种错觉和幻觉。注意力方面，女性的注意稳定性优于男性，但注意的转移品质不如男性。男性的注意多定向于物，而女性注意多定向于人。记忆方面，女性擅长形象记忆、情绪记忆和运动记忆，但逻辑记忆不如男性，女性长于机械记忆，而男性长于意义记忆。思维方面，女性更多地偏向于形象思维，而男性则偏向于逻辑思维。想象方面，无意想象上的性别差异不明显，在有意想象的发展上，女性更容易带有形象性的特点，男性更容易带有抽象性的特性。在创造想象中，男性水平明显高于女性。虽然国内外大量研究表明，女性总体的智力水平并不弱于男性，但在所取得的社会成就方面，男性却明显高于女性，这主要是由于教育、角色地位、社会期望以及动机水平等因素使女性天赋潜能的发挥受到了限制。

能力的性别差异造成了女性在消费中更感性，更情绪化，更体现出形象思维的特点；而男性在消费中则更理性，更体现出逻辑思维的特点。企业营销者可以根据男女消费者的不同能力特征采取相应的营销对策。一般来说，对待女性消费者首先应该进行形象化营销、感性营销，先在感性上让女性消费者接受、喜欢；而对待男性消费者则应更侧重于理性的诉求。

三、影响能力的因素

能力的来源主要是遗传、环境、实践及其心理因素。

(一)遗传因素

遗传就是父母把自己的性状结构和机能特点遗传给子女的现象。

前一代人的能力可以通过生物学的方式传给后一代人。遗传因素是能力发展的自然前提,离开这个物质基础就谈不上能力的发展。英国著名科学家高尔顿是系统研究能力遗传问题的第一人,他对 977 位名人进行调查,发现他们的亲属中成名的有 332 人,而在对 977 名普通人家谱的调查中发现,只有 1 人成名,因此他认为,天才是遗传的。

(二)环境因素

环境是指客观现实,包括自然环境和社会环境。一般认为,遗传提供了心理发展的可能性,而可能性转化为现实性需要环境因素的配合。大多数人的遗传因素差异不大,其智力发展差异主要是由社会环境、教育和实践活动造成。

教育和学习在儿童能力发展中起主导作用,它不仅使儿童学习到知识和技能,通过知识技能的传授与掌握,促进儿童心理能力的发展,并且这种能力成为他们长大成人,在广阔的社会实践中施展才能的基础。

心理学的研究表明,家庭条件和要求对人的能力形成与发展起着很重要的作用。此外,营养也是影响能力发展的一个重要因素,特别是幼年时期的营养。

(三)实践因素

人的能力是人在改造客观世界的实践活动中形成和发展起来的。不同职业的活动制约着能力发展方向与水平,不同的实践内容向人们的能力提出了不同的要求,丰富的社会实践使人们的多种能力得以展现和提高,社会实践又为检验人们的各种能力提供了标准。

(四)心理因素

这里的心理因素主要是指除了智商之外的性格及情商等非智力因素。研究表明,人的道德观、价值观、兴趣、主观能动性、意志力等因素都会对能力产生深远的影响。优秀的性格品质,会让人兴趣广泛、乐观向上、自觉自信、意志坚强,其能力的丰富和发展会得到很快的提高。

消费者的能力还受到企业营销的影响,企业如果对消费者只是感性诉求,消费者往往认识能力不够强,而企业如果还帮助消费者进行学习、分析和理解,消费者的认识能力就会大大提高。

迈尔斯等人研究几种能力发展,发现能力不同侧面的发展和衰退是不同的(见表3-4),从表上可以看出,知觉能力发展较早,但下降也早。他们的研究发现:知觉能力发展最早,在10岁就达到高峰,高峰期持续到17岁,从23岁便开始衰退;记忆力发展次之,14岁左右达到高峰期,持续到29岁,从40岁开始衰退;再次是动作和反应速度,18岁达到高峰期,持续到29岁,也是从40岁开始衰退;思维能力在18岁达到高峰期,持续到49岁,从50岁以后开始衰退。

表3-4　各种能力的发展和衰退

年龄	10～17 岁	18～29 岁	30～49 岁	50～69 岁	70～89 岁
知觉	100	95	93	76	46
记忆	95	100	92	83	55
比较和判断	72	100	100	87	69
动作及反应速度	88	100	97	92	71

注:100 高,0 低。

四、消费者能力与消费行为

人们在消费活动中,为了达到满意而完美的消费效果需要具有相应的能力。消费能力是人们在生活当中,通过自身的消费实践和听从亲朋好友、同事邻居的介绍推荐及受到各种广告宣传的影响而逐渐形成的一种生活技巧。不同消费者的购买能力是有差异的,并影响着消费者自身的购买行为。一般来说,能力强的消费者,很快就能完成购买过程;反之,消费者本身消费能力较弱,做出购买决策时往往迟疑不决,购买过程很难尽快完成。

(一)从事各种消费活动所需要的基本能力

在实践中,消费者无论购买何种商品或从事何种消费活动,都必须具备某些基本能力,例如,消费者在购买过程中对商品的感知、记忆、想象能力,比较评价能力,选择决策能力等,这些基本能力的高低、强弱,会直接导致消费行为方式和效果的差异。

1.感知能力

感知能力是消费者对商品的外部特征和外部联系加以直接反映的能力。通过感知,消费者可以了解到商品的外观造型、色彩、气味、轻重以及所呈现的整体风格,从而形成对商品的初步印象,并为进一步做出分析判断提供依据。因此感知能力是消费行为的先导。

消费者感知能力的差异主要表现在速度、准确度和敏锐度等方面。同一件商品,有的消费者能就其外观和内部结构迅速、准确地予以感知,形成对该商品的整体印象,反映出较强的洞察事物的能力;而有的消费者则感知速度缓慢、反应迟钝,不能迅速抓住商品的主要特征,形成客观而准确的认知。例如,在购买服装过程中,观察能力强的消费者能在琳琅满目的衣服中准确而迅速地发现质量、款式、色彩、面料、价格都适合自己的商品;而观察能力较差的消费者则难以对某种衣服形成较为准确的印象。

2.分析评价能力

分析评价能力是指消费者对接收到的各种商品的信息进行整理加工、分析综合和比较评价,进而对商品的优劣好坏做出准确判断的能力,其强弱主要取决于消费者的思维能力和思维方式。消费者在选择商品时,需要对所接收的各种商品信息进行细致分析和客观评价,根据已有信息对传播源的可信度、他人行为及消费时尚、企业促销手段的性质、商品质量做出客观的分析,在此基础上形成对商品本身的全面认识,对不同商品之间的差异进行深入比较,以及对现实环境与自身条件进行综合权衡等,这是分析评价能力较强的表现。消费者的分析判断能力与个人的知识经验也有关系,例如,普通消费者购买电冰箱,仅能根据一般经验对外观、颜色、造型和规格等表层信息做出浅显的分析评价;而懂得制冷知识的消费者,则可以通过观察冷凝器、蒸发器、压缩机等的性能指标和工作状况来评价冰箱的质量和先进性,进而做出深刻而准确的评价与判断。

3.选择决策能力

选择决策能力是指消费者在充分选择和比较商品的基础上,及时、果断地做出购买决定的能力。在购买过程中,决策是购买意图转化为购买行为的关键环节,也是消费者感知和分析评价商品信息结果的最终体现。消费者的决策能力直接受到个人性格和气质的影响,有的消费者在购买商品时大胆果断,决策过程迅速;有的消费者则常常表现出优柔寡断,易受他人态度和意见的左右,决策结果反复不定。决策能力还与消费者对购买商品特征的熟悉程度、购买经验和购买习惯有关,消费者对商品特性越熟悉、使用经验越丰富、习惯性购买驱动越强,购买决策就越果断,决策过程迅速,决策能力较强;反之,决策能力则会相应减弱。

此外,记忆力、想象力也是消费者必须具备和经常运用的基本能力。消费者在进行商品选购时,经常要依据和参照以往的商品知识和购买经验,这就需要消费者具备良好的记忆能力,以便把过去消费实践中感知过的商品信息、体验过的情感、积累的经验等,准确地回忆和再现出来。想象力是消费者以原有表象为基础创造新形象的能力。丰富的想象力可以使消费者从商品本身想象到该商品在一定环境和条件下的使用效果,从而激发其美好情感和购买欲望。

(二)从事特殊消费活动所需要的特殊能力

特殊能力是指消费者购买和使用某些专业性较强的商品所应具有的能力。通常表现为以专业知识为基础的消费技能,例如,古玩字画、乐器的鉴赏能力、电脑、轿车等高档消费品鉴别能力,这就需要相应的专业知识以及分辨率、鉴赏力和检测力等特殊的消费技能。倘若不具备特殊能力而购买某些专业性商品,则难以取得满意的消费效果,甚至受骗上当,无法发挥应有的使用效能。

此外,特殊能力还包括某些一般能力高度发展而形成的优势能力,如创造能力和审美能力等。生活中,有些消费者具有强烈的创造欲望和高度的创造能力,他们不满足于市场上已有的商品和既定的消费模式,力求发挥自身的聪明才智,对商品素材进行再加工和再创造,而网络的高度发展也为这部分消费者提供了非常便捷的平台,进而使他们在服装服饰搭配、居室装饰布置、美容美发、礼品选择等方面,充分地显示独特个性与品位,体现出较高的创造能力。

(三)消费者对自身权益的保护能力

保护自身权益是现代消费者必须具备的又一个重要能力。在市场经济条件下,消费者作为居于支配地位的买方主体,享有多方面的天然权力和利益。这些权力和利益经法律认定,成为消费者的合法权益,是消费者从事正常消费活动、获取合理效用的基本保证。然而,这一权益的实现不是一个自然的过程。在我国,由于市场秩序仍然不成熟,制度结构不健全,企业商家自律较低,消费者权益受到侵犯的现象还是屡有发生。为了保证消费者的权益不受侵害,除了依靠政策法令、社会舆论、消费者组织的约束监督外,客观上要求消费者不断提高自我保护能力。消费者要保障自身的合法权益不受侵害,主要有两个方面,一是增强自己的权益保护意识,做到知法、懂法、护法,不断提高权益保护能力;二是有效发挥政策法令的法律约束能力和社会舆论、消费者组织等的监督能力。

依照我国1994年1月1日颁布实施的《消费者权益保护法》之规定,消费者享有九项基本权利。具体包括以下几个方面。

安全权:即消费者在购买、使用商品和接受服务时享有人身、财产安全不受损害的权利;

知情权：即消费者享有知道其购买、使用的商品或者接受的服务的真实情况的权利；

自主选择权：即消费者享有自主选择商品或者服务的权利；

公平交易权：即消费者享有公平交易的权利；

求偿权：即消费者因购买、使用商品或者接受服务受到人身、财产损害的，享有依法获得赔偿的权利；

结社权：即消费者享有依法成立维护自身合法权益的社会团体的权利；

获得有关知识权：即消费者享有获得有关消费和消费者权益保护方面的知识的权利；

人格尊严和民族风俗习惯受尊重权：即消费者在购买、使用商品和接受服务时享有其人格尊严、民族风俗习惯得到尊重的权利；

监督权：即消费者享有对商品和服务以及保护消费者权益工作进行监督的权利。

消费者应该熟知相关法律法规，做到有理有据，利用法律的强制约束力量保护自身的合法权益。此外，在遇到自身权益受侵害时，也要善于运用行政的、法律的、民间的、舆论的多种途径和手段，与生产者和销售者进行交涉，通过社会舆论施压、新闻媒体披露、工商管理部门介入、消费者权益保护协会仲裁直至法院诉讼等方式，挽回利益损失，有效保护自身的合法权益，维护自身尊严。

第四章　消费者购买过程的心理活动

第一节　消费者需要

一、需要的特征与种类

(一)需要的特征

需要作为一种心理状态,具有以下一般特征。

1.需要的对象性

人的需要总是指向一定具体的事物或对象。如对衣、食、住的需要,对运动和休息的需要,对劳动和交往的需要以及对文化和政治生活的需要等,都指向某种具体的事物或活动。抽象的、无所指的需要是不存在的。

2.需要的紧张性

一种需要往往是由于意识到某种事物的欠缺而出现的。需要一旦产生就有追求满足的心理趋向。当力求满足而未达目的时,人们常常会产生一种特有的身心紧张感、不适感。

3.需要的驱动性

当人们产生某种需要时,心理上就会产生不安与紧张的情绪,这种情绪就构成了一种内在的驱动力量,推动人去从事某种活动。正是从这个意义上,需要才被称为推动人从事各种活动的源泉或根本动因。

4.需要的周期性

人的许多需要周而复始,具有一定的起伏性。这是因为,已形成的需要一般不会因需要的暂时满足而消失,它会随需要的满足而暂时潜伏下来,随着时间的推移和条件的变化,又会反复出现。如人的饮食、排泄、运动、休息等需要就是这样循环往复,推动着人的行为活动。

5.需要的社会性

人的需要为其所处的社会环境和生产条件所决定,因此,需要就随着社会的发展而发展。古人与现代人对衣、食、住的需要迥然不同就说明了这一点。另外,人的需要并不因为一次获得满足而终止,而是在前次需要得到满足的基础上产生新的需要。随着社会生产力水平、科学技术等方面的发展,人们需要对象的范围不断扩大,需要满足的方式也不断改变,人类的需要也不断得到丰富和发展。

6.需要的年龄性

个体的需要会随着年龄的增长而处于不断的发展变化之中。如幼儿需要玩具和游戏,少年需要知识和学习,中年需要工作和成就,老年需要安逸和健康等等。

(二)需要的种类

根据不同的标准,一般可以把需要做如下分类。

1.根据需要的起源,可把需要分为生理需要和社会需要

生理需要是与维持个体的生长发育及种族延续有关的需要,如饮食、睡眠、御寒、避险等方面的需要。生理需要也叫天然需要,是人类最原始、最基本的需要,它是人和动物所共有的,而且往往带有明显的周期性。社会需要是与人的社会生活相联系的需要,如求知需要、成就需要、尊重需要、交往需要、劳动需要等。它是在人的生理需要的基础上,在社会实践和教育条件下形成和发展起来的,受着社会生活条件的制约,具有社会历史性。社会需要是人类所特有的,是社会发展的基本动力。

2.根据需要对象的性质,可把需要分为物质需要和精神需要

物质需要是指人对社会物质产品的需要,如对衣、食、住、行等有关物品

的需要,及对劳动、学习、科研等用品的需要。人的物质需要既包括生理需要,也包括社会需要。随着生产力的发展和社会的进步,人的物质需要也会不断地发展。精神需要是指人对社会精神生活和精神文化产品的需要,如交往需要、道德需要、学习需要、美的需要、尊重的需要等。交往需要是个体心理正常发展的必要条件,在精神需要中占有重要地位,长期缺乏社会交往会导致个性变态。精神需要是人们在认知、审美、交往、道德、创造等方面的需要,这类需要主要不是由生理上的匮乏感,而是由心理上的匮乏感所引起的。

上述需要的分类只具有相对的意义,实际上有些需要很难简单地归为某一种需要。如一个人对衣物的需要是生理需要,但对衣服式样的追求则既是精神需要,又是社会需要,同时还属于物质需要。

3. 根据需要的高低层次,可把需要分为生理需要、安全需要、归属与爱的需要、尊重需要和自我实现需要

需要层次论是由美国心理学家亚伯拉罕·马斯洛 1943 年在其《人类动机理论》一书中提出的,他将人的需要层次由低向高分为五个层次:生理需要、安全需要、归属与爱的需要、尊重需要、自我实现的需要。前四个层次的需要是人的基本需要,是因缺乏而产生的需要,基本需要有一个特征,那就是一旦获得满足,其需要强度就会降低,因为个体在某一特定时刻所需要的目的物是有限的。无论个体饿到什么程度,两碗饭下肚之后,很快就解除了他的饥饿。最后一个层次的需要是人的发展需要,是个人存在的价值。发展需要虽然以基本需要为基础,但它同时对基本需要具有引导作用。发展需要不是维持个体生存所绝对必需的,但满足这种需要能促进人的健康成长。居于顶层的自我实现需要,对以下各层均具有潜在的影响力量。与基本需要不同的是:发展需要不但不随其满足而减弱,反而因获得满足而增强,即在发展需要之下,个体所追求的目标是无限的。无论是求知,还是审美,都是永无止境的,这是人类异于禽兽之处,这也是马斯洛需要理论的超越之处。

(1)生理需要:级别最低的需要,如对食物、水、空气、健康的需要。缺乏生理需要的特征是:什么都不想,只想让自己活下去,思考能力、道德观等明显变得脆弱。

(2)安全需要:同样属于低级别的需要,如人身安全、生活稳定以及免遭痛苦、威胁或疾病等。缺乏安全感的特征是:感到自己受到身边事物威胁,觉得这世界是不公平或是危险的,变得紧张、彷徨不安,认为许多或一切事物都是"恶"的。

（3）归属与爱的需要：属于较高层次的需求，如对友谊、爱情以及隶属关系的需要。缺乏这方面需要的特征是：因为没有感受到身边人的关怀，没有人情味和温暖感，没有爱情，认为自己没有活在这世界上的价值。

（4）尊重需要：属于较高层次的需要，如自尊、成就、名声、地位和晋升机会等。尊重需要既包括对成就、自尊或自我价值的个人感觉，也包括他人对自己的认可与尊重。缺乏尊重需要的特征是：爱面子，或是很积极地用行动来让别人认同自己，也很容易被虚荣所吸引。

（5）自我实现需要：最高层次的需要，是希望得到真善美至高人生境界的需要，具体包括认知、审美、创造、发挥潜能等的需要。自我实现需要一般在前面各层次需要都能满足后才会产生，是一种衍生需要。缺乏自我实现需要的特征是：觉得自己的生活被空虚感推动着，没有使命感，急需要有能更充实自己的事物，尤其是让一个人深刻地体验到自己没有白活在这世界上的事物。人在这时相信，价值观、道德观等精神的境界胜过金钱、权力、财富等物质的满足。

马斯洛认为，首先，人类的需要是有先后程序的，一般只有低级需要得到满足，然后才会进一步追求较高层次的需要，即需要是由低级需要向高级需要发展的；其次，人在同一时间内有很多需要，但其中必有主导性需要，人的行为是由主导性需要所决定的；最后，人的需要很难得到全部满足。

马斯洛还认为，人类的需要与个体的生长发育密切相关。婴儿期的主导需要是生理需要，然后才逐渐产生安全需要，归属需要；到了少年期和青春期，爱情、自尊等需要才日益增强；青春期以后，自我实现的需要才得到发展。

马斯洛的需要层次论把人类需要看作一个按层次组织起来的系统，科学地反映了人类需要发展的规律和需要与行为的关系。这为研究人类需要提供了有意义的线索，并且在管理科学和教育领域中具有一定的应用价值。

然而，此理论并不能用于解释人的所有需要，这一理论也不能作为划分需要顺序的绝对标准。尽管马斯洛的划分方法符合大多数人的需要顺序，但它显然无法反映每个人在所有情况下的需要顺序。有时，人们会忽略较低层次的需要，而追求较高层次的需要。例如，当孩子生命处于危险时，母爱会使一位母亲不顾个人的安危；又如，有些人为了满足其成就感的需要追求事业而牺牲爱情或者自愿过着贫寒的生活等。

二、消费者需要的含义

需要是个体由于缺乏某种生理或心理因素而产生的内心紧张，从而形成与周围环境之间的某种不平衡的状态。个体在其生存和发展过程中会有各种各样的需要，如饿的时候有进食的需要，渴的时候有喝水的需要，在与他人交往中有获得友爱、被人尊重的需要等。

消费者需要包含在人类的一般需要之中，它反映了消费者某种生理或心理体验的匮乏状态，并直接表现为消费者对获取以商品或劳务形式存在的消费对象的要求和欲望。这些需要成为人们从事消费活动的内在原因和根本动力。正是为了满足形形色色的需要，消费者才会实施相应的消费行为。原有的需要满足后，又会产生新的需要，新的需要又推动新的消费行为发生，如此循环往复，形成延续无尽的消费行为序列。因此，人的需要绝不会有被完全满足和终结的时候。正是需要的无限发展性，决定了人类活动的长久性和永恒性。需要、动机与行为的关系如图 4-1 所示。

需要 —激发→ 动机 —驱动→ 行为 —达到→ 目标 —满足需要→ 行为结果

图 4-1　需要、动机与行为的关系

人们形成需要往往必须具备两个前提条件：一是感到不满足，缺少什么东西；二是期望得到某种东西，有追求满足之感。需要就是由这两种状态形成的一种心理现象，属于人的个性心理中的个性心理倾向。

需要虽然是人类活动的原动力，但它并不总是处于唤醒状态，只有当消费者的缺乏感达到某种迫切程度时，需要才会被激发，并促使消费者有所行动。比如，我国绝大多数消费者可能都有住上更宽敞住宅的需要，但由于受经济条件和其他客观因素制约，这种需要大都只是潜伏在消费者心底，没有被唤醒，或没有被充分意识到。此时，这种潜在的需要或非主导的需要对消费者行为的影响力自然就比较微弱。

需要一经唤醒，可以促使消费者为消除匮乏感和不平衡状态采取行动，但它并不具有对具体行为的定向作用。在需要和行为之间还存在着动机、驱动力、诱因等中间变量。比如，饿的时候，消费者会为寻找食物而活动，但面对面包、馒头、饼干、面条等众多的选择物，到底以何种食品充饥，则并不完全由需要本身所决定。换句话说，需要只是对应于某种类别备选产品，它并不为人们为什么购买某种特定产品、服务或某种特定牌号的产品、服务提供充分解答。

有时消费者并未感到生理或心理体验的缺乏，但如果存在能够引起消费者需要的外部刺激（或情境），即消费诱因时，仍有可能产生对某种商品的需要。

消费诱因按性质可以分为两类。

①正诱因。是指消费者趋向或接受某种刺激而获得满足的诱因。

②负诱因。是指消费者逃避某种刺激而获得满足的诱因。

三、消费者需要的特征

尽管消费者的需要多种多样、复杂多变,但是也有一定的倾向性和规律性。需要的特征概括起来主要有以下几个方面。

(一)需要的多样性和差异性

这是消费者需要的最基本特征。消费者需要的多样性和差异性既表现在不同消费者多种需求的差异,也表现在同一消费者多元化的需要内容中。一方面,由于消费者性别、年龄、民族、文化程度、职业、收入水平、社会阶层、宗教信仰、生活方式和个性心理特征等不同,在需要的内容、层次、强度和数量方面自然是千差万别的;另一方面,就同一消费者而言,其需要也是多元的。不仅有生理方面的、物质方面的需要,还有心理方面的、精神方面的需要。消费者需要的多元性还表现在同一消费者对某一特定消费对象常常兼有多方面的要求,如,既要求商品质地优良、经济实惠,又要求商品外观新颖时尚、美观、具有时代感等,能展示自己的独特个性。企业面对消费者千差万别、多种多样的需要,应根据市场信息和自身能力,确定目标市场,向消费者提供具有个性化特点的商品,才能真正满足消费者的需要。

(二)需要的发展性

消费者需要与社会经济生产及自身情况紧密相关。随着经济的发展和消费者收入水平的提高,消费者的需要呈现出由低级到高级、由简单到复杂不断向前发展的趋势。消费者的需求还常常受到时代精神、风尚和环境等多种因素的影响,时代发展变化了,消费者的需求和偏好也会不同,如,20世纪60年代至70年代,我国人民对耐用消费品的需要是手表、自行车、缝纫机和收音机;80年代后,发展为对电视机、录音机、洗衣机和电冰箱的需要;到了90年代则发展为对电脑、住房和家用轿车的需要。随着现代化建设的进程,消费者对教育、科技书籍和文体用品的需求日益增多。由此可见,需要是不断发展的,当某种需要获得某种程度满足后,另一种新的需要又产生了。消费者需要的发展性,为工商企业提供了更多的营销机会,某些现在畅销的产品,有可能在一定时期以后被淘汰,而许多潜在的消费需求,却不断地变成现实的购买行为。企业在生产经营中须为消费者需求发展,提供性能更好、质量更高、款式更新颖的商品。

(三)需要的层次性

消费者的需要可以划分为高低不同的层次,一般是从低层次开始满足,不断地向高层次发展。当低层次的、最基本的生活需要适当满足以后,就会产生高层次的社会需要和精神需要。但在特殊情况下,需要的层次顺序也可能变化,即在尚未完全满足低层次需要的情况下,也可能会跨越低层次需要而萌生高层次需要;也可能在高层次需要得到相当程度的满足之后,转而寻求低层次需要的满足。

(四)需要的周期性

消费者需要的周期性主要是由其生理机制及心理特性引起的,并受自然环境变化周期、商品生命周期和社会时尚变化周期的影响。消费者需要的满足是相对的,当某些需要得到满足后,在一定时间内不再产生。但随着时间的推移还会重新出现,显示出周而复始的特点。但周期性并非一直在低水平上循环,而是在内容、形式上都有所发展和提高。例如,消费者对服装的需要往往和自然界环境变化的周期相适应,也同商品寿命、社会风尚、购买习惯等相关联,表现出很强的季节性。一些与节日、纪念日相关商品的需要,其周期性更为明显。研究消费者需要的周期性,对企业加强生产、经营的时间、销售方式、销售对象及销售地点等在内的产、供、购、销、存提供一定的参考。

(五)需要的互补性与互替性

消费者需要是多种多样的,各种消费需要之间具有一定的关联性。消费者为满足需要在购买某一商品时往往购买相关产品。如买一套西装,可能顺便购买衬衫、领带。也就是说,一种消费需要会促使另一种消费需要产生扩大,这就是需要的互补性。因此,经营互有联系或互补的商品,不仅会给消费者带来方便,还能扩大商品的销售额。反之,一种消费需要也会抑制另一种消费需要,如消费者购买洗衣粉后,对肥皂的需求下降。这就是消费需要互替性的表现。工商企业应及时地把握消费需求变化趋势,有目的、有计划地根据消费需求变化规律供应商品,更好地满足消费者的需求。

(六)需要的伸缩性

消费者的需要受外因和内因的影响,具有一定的伸缩性。内因的影响包括消费者本身需求欲望的特征、程度和货币支付能力等等;外因影响主要是商品的供应、价格、广告宣传、销售服务和他人的实践经验等等。两个方面因素都可能对消费需要产生促进或抑制作用。当客观条件限制需要的满足时,需要可以抑制、转化、降级,可以停留在某一水平之上,也可以以某种可能的方式,同时满足几种不同的需要;在特定情况下,人们还可能满足某一种需要而放弃其他需要。一般说,基本的日常生活必需品消费需求的弹性比较小,消费者对它们的需要是均衡而有一定限度的。而许多非生活必需品或中、高档消费品的消费需求的伸缩性比较大。企业在进行生产和经营商品时,应考虑消费者当前的实际消费水平和消费习惯,注意把满足消费者的物质需要和精神需要有机地结合起来。

(七)需要的可诱导性

消费者的消费需要是可以引导和调节的,即可以通过环境的改变或外部诱因的刺激、引导、诱发消费者需要发生变化和转移。通过诱导使消费者潜在的欲望会变为现实的行动,未来的消费也可以成为即期消费,微弱的需要转变为强烈的需要。通过提供特定诱因和刺激,促进消费者某种需要的产生,正是现代市场营销理念所倡导的引导消费及创造消费的理论依据。消费者需要的可诱导性,为企业提供了巨大的市场潜力和市场机会。在实践中,许多企业不惜斥资百万,开展广告宣传、倡导消费时尚、创造示范效应、施予优惠刺激,影响和诱导消费行为,并且屡屡收效。

四、消费者需要的状态与基本内容

(一)消费者需求的状态

消费者在市场上的需求状态是不断变化的,具有九种典型的需求状态。

1. 负需求

负需求指大多数人对某个产品或服务感到厌恶,甚至愿意出钱回避它的一种需求状况。营销者就要分析消费者为什么不喜欢这种产品,不喜欢的原因可能是因为观念的问题,性格、价值观念、风俗习惯等原因都可能造成负需求的出现。比如我国20世纪80年代初,许多人认为穿牛仔裤是不良形象的体现,许多人拒绝消费此产品。企业可以考虑通过改变观念,引导消费来将原有的消费观念改变,进而产生购买行为。负需求的产生也可能是产品本身出现了问题,这时企业可以考虑通过对改变产品、替换产品或者积极促销来改变消费者的负需求状况,将负需要转变为有需求。

2. 无需求

无需求指消费者对产品或服务毫无兴趣或漠不关心的一种需求状况。在买方市场上，许多企业，特别是中小企业所提供的产品和服务往往就处在消费者的无需求状况。企业一方面要通过不断重复的促销和沟通来刺激消费者需求，影响消费者的潜意识，努力将产品所能提供的利益与人的需要和兴趣联系起来。另一方面要努力使自己的产品或服务有特色，在市场能上独树一帜。当然也可以通过借势（巧借其他组织和个人之势）来实现自己的目标。

重复营销就是针对企业的营销目标，企业不断地把有关产品或服务信息传递给顾客的过程。重复中既可以是产品或服务的介绍和陈述，也可以是一种新观念的引导，还可以是一种担心的解除。重复产生营销的力量，许多营销的不成功，重要的原因之一就是没有进行过足够的重复。重复的次数应该是多少次呢，这是个相对的概念，没有绝对的次数，只要目标是准确的，那重复的次数至少是直到消费者由此而产生了购买行为的次数。"水滴石穿"，"锲而不舍，金石可镂"等典故都是在讲人行为中重复的价值。持之以恒，坚持就是胜利。企业营销中通过重复的行为就是为了进入消费者的潜意识，进而让消费者产生最终的购买行为。

3. 下降需求

下降需求指消费者对一个或几个产品或服务的需求呈下降趋势的一种需求状况。企业应分析需求衰退的原因，进而开拓新的目标市场。企业或进一步地改进产品，建立特色；或采用更有效的沟通手段来重新刺激需求，使老产品开始新的生命周期，来扭转需求下降的趋势。

4. 不规则需求

不规则需求指某些产品或服务的市场需求在一年不同季节或一周不同日子甚至一天不同时间上下波动很大的一种需求状况。

企业可以通过灵活定价，大力促销及其他刺激手段来改变需求的时间模式，使产品或服务的市场供给与需求在时间上协调一致。企业也可以通过增加新产品来协调不规则的需求。比如做冷饮的企业可以通过增加热饮来协调顾客因为季节的不同而在需求上的不同。

5. 充足需求

充足需求是指某种产品或服务的目前需求水平和时间正好等于预期的

需求水平和时间的一种需求状况。

企业可以通过保证产品质量,经常测量消费者满意程度,通过降低成本来保持合理价格,并激励推销人员和经销商大力推销,千方百计维持目前需求水平。维持市场营销可以是静态的产量和消费量都不变的维持,也可以是动态的产量和消费量都发生变化的维持。

6. 过量需求

过量需求是指某种产品或服务的市场需求超过了企业所能提供或所愿提供的水平的一种需求状况。

企业面对这种需求状况的一种做法是可以通过提高价格、合理分销产品、减少服务和促销等措施,暂时降低市场需求水平。或者是设法降低来自盈利较少或服务需要不大的市场的需求水平。企业通过这样的措施是让需求暂时降低,但随后还是要通过扩大再生产,来满足市场的需求。

企业面对这种需求状况的另一种做法是进行饥饿营销,就是有意识地保持自己的提供水平,有意让顾客消费此产品或服务有"饥饿感",这样来树立企业的"物以稀为贵"形象,但这种策略的运用一般需要企业要已经有独有的被市场认可的品牌或技术、秘方等。

还有一种面对过量需求的营销对策就是进行联合营销。供应者通过迅速、有效的联合,让钱给大家一起来赚。企业的联合营销可以通过贴牌、合同、资本入股甚至被联合等方式进行,这样可以帮助产生过量需求的企业迅速做大做强,从而迅速提高自己的实力。

7. 有害需求

消费者的有害需求是指消费者对某些有害产品或服务的需求,比如对毒品、枪支、淫秽产品或者服务、烈性酒和香烟等产品的需求。消费者的这些需求可能会对社会或个人产生有害的影响。

一般认为,面对有害需求,社会和企业应该劝说喜欢有害产品或服务的人放弃这种爱好和需求,大力宣传有害产品或服务的严重危害性,大幅度提高价格,以及停止生产供应等。

8. 现实需求

现实需求就是指消费者已经具备对某种商品的实际需要,且具有足够的货币支付能力,而市场上也具备了此类商品,因而消费者的需要随时可以转化为现实的购买行动。现实需求是消费者的购买愿望、愿望产品存在及有购买能力的三者统一,是马上可以实现的需求。

营销者面对这样的需求状态的对策应该是具体问题具体分析。可以"赶早",就是在某种消费者现实需求的产品或服务还处在产品生命周期的导入期或者成长期时,可以进入这个市场,去提供和销售某种已经是现实需求的产品或者服务。也可以"不碰",就是尽量避免进入这样的市场,因为如果这个市场已经是成熟期的市场,本来的提供者已经很多,所以这样的市场尽管消费者对这种产品或者服务是有需求的,但因为市场上已经有了许多的提供者,是一个现实需求的市场,所以新企业如果没有特别的实力和特色而进入市场,往往就不会有好的市场销售效果。

9.潜在需求

潜在需求是指消费者未来一定时间内可能产生的对某种产品或服务具有货币支付能力的需要。潜在需求就是消费者的购买愿望、愿望产品及购买能力三者不能完全统一的状况,是不能马上实现的需求。

(二)消费者需求的基本内容

消费者需求都是对以物质和精神为表现形式的产品的需要。消费者需求的基本内容主要包括以下方面。

1.对商品基本功能的需求

基本功能指商品的有用性,即商品能满足人们某种需要的物质属性。商品的基本功能或有用性是商品被生产和销售的基本条件,也是消费者需求的最基本内容。在正常情况下,基本功能是消费者对商品诸多需求中的第一需求。

消费者对商品基本功能的需求要与消费者自身的消费条件相一致。随着时间的推移,消费者对商品基本功能的要求呈不断提高趋势。

2.对商品质量性能的需求

质量性能是消费者对商品基本功能达到满意或完善程度的要求,通常以一定的技术性能指标来反映。就企业而言,质量体现在企业执行的标准上,标准一般有国际标准、国家标准、行业标准和企业标准。只要符合了某种或某几种标准,就意味着质量的过关。质量是以标准为基本依据,而不是以使用的时间长短或者是否耐用为依据的。就消费需求而言,商品质量有其要求与标准的一致性表现,也有其要求的习惯性表现。

3.对商品安全性能的需求

消费者要求所使用的商品卫生洁净,安全可靠,不危害身体健康。这种需要通常发生在对食品、药品、卫生用品、家用电器、化妆品、洗涤用品等商品的购买和使用中,具体包括:商品要符合卫生标准,无损于身体健康;商品的安全指标要达到规定标准,不隐含任何不安全因素,使用时不发生危及身体与生命安全的意外事故;商品要具有保健功能,要有益于防病祛病,调节生理机能,增进身体健康。

4.对商品消费便利的需求

这一需求表现为消费者对购买和使用商品过程中便利程度的要求。一方面消费者要求商品的使用和维修便利、简单;另一方面消费者要求以最少的时间、最近的距离、最快的方式购买到所需商品。同类商品,质量、价格几近相同,其中购买条件便利者往往会成为消费者首先选择的对象。

5.对商品审美功能的需求

表现为消费者对商品在工艺设计、造型、色彩、装潢、整体风格等方面审美价值上的要求。对美好事物的向往和追求是人类的天性,它体现在人类生活的各个方面。在消费活动中,消费者对商品审美功能的要求,同样是一种持久、普遍存在的心理需要。当然,由于社会地位、生活背景、文化水平、职业特点、个性特征等方面的差异,不同的消费者往往具有不同的审美观和审美标准。

6.对商品情感功能的需求

这是指消费者要求商品蕴含浓厚的感情色彩,能够外现个人的情绪状态,成为人际交往中感情沟通的媒介,并通过购买和使用商品获得情感上的补偿、追求和寄托。情感需要是消费者心理活动过程中的情感过程在消费需要中的独立表现,也是人类所共有的爱与归属、人际交往等基本需要在消费活动中的具体体现。

许多商品能够外现某种感情,因而成为人际交往的媒介和载体,或因具有独特的情感色彩起到传递和沟通感情、促进情感交流的作用。

7.对商品社会象征性的需求

所谓商品的社会象征性,是消费者要求商品体现和象征一定的社会意义,使购买、拥有该商品的消费者能够显示出自身的某些社会特性,如身份、地位、财富、尊严等,从而获得心理上的满足。

社会象征性并不是商品本身所具有的内在属性,而是由社会化了的人赋予商品特定的社会意义。通常,出于社会象征性需要的消费者,对商品的实用性、价格等往往要求不高,而特别看重商品所具有的社会象征意义。

8.对享受良好服务的需求

在对商品实体形成多方面需要的同时,消费者还要求在购买和使用商品的全过程中享受到良好、完善的服务。良好的服务可以使消费者获得尊重、情感交流、个人价值认定等多方面的心理满足。对服务的需要程度与社会经济的发达程度和消费者的消费水平密切相关。消费者在消费中主动权越大,那么其对服务的要求也就越高。在一个消费者有充分选择权的市场上,企业服务的好坏已经成为消费者选择购买商品的主要依据,是消费者需求中不可缺少的一部分。

第二节　消费者购买动机

一、动机的定义与功能

(一)动机的定义

动机是指激发和维持个体的行动,并使行动朝向一定目标的心理倾向或内部动力。动机是个体行为内在的直接驱动力量,通常,人们在清醒状态下采取的任何行为都是由动机引起和支配的,并通过动机指向特定的目标。因此,人类行为实质上是一种动机性行为。

动机的产生是内在因素和外在因素共同作用的结果。内在因素主要是指人的需要,动机是在需要的基础上产生的。当个体的某种需要未得到满足时,就会产生紧张不安的感觉,当这种感觉非常强烈时,就促发个体采取行为寻找满足需要的对象,以消除紧张感,从而形成个体的动机,动机实际上就是需要的具体表现。因此,动机和需要紧密联系,离开需要的动机是不存在的。外在因素就是诱因,是指能够激发个体需要或动机的外部刺激。如价廉物美的商品、个人的责任感、对正义的坚持等,在一定条件下都能成为推动人去从事某种活动的诱因。诱因分为正诱因和负诱因两种,凡是个体因趋向或接受它而得到满足的诱因称为正诱因;凡是个体因逃离或躲避它而得到满足的诱因称为负诱因。当个体的需要在强度上达到一定程度并有诱因存在时,就产生了动机。内在需要对动机有指向作用,决定着动机的方向;诱因对动机起到加速或抑制的作用。一般认为,有些动机形成时需要的作用强些,有些动机形成时诱因的作用要强些。

(二)动机的功能

动机作为行为的直接动因,在人的行为活动方面具有下列功能。

1.发动和终止行动的功能

动机作为个体内在的驱动因素,其重要功能之一就是能够引发和终止行为。人类的各种活动总是由一定的动机驱使和支配的,动机对个体行为的推动力,随动机强度的不同而不同,强度越高,推动力相应也就越大。当动机指向的目标达成,原来的动机会暂时消失,个体就会终止有关的具体行为,此时新的动机又会相继而起,从而引起许多新的行为。

2.指引行动方向的功能

动机不仅能引起行为,而且可以支配个体的行为,使其指向一定的对象和目标。比如,在娱乐动机的支配下,个体可能去电影院、KTV、公园、茶馆等地方玩乐。

3.维持与强化行动的功能

动机促发行为是为了满足个体的某种未被满足的需要,在这个过程中,动机会对个体的行为产生一种持续的推动力,不断激励人们努力采取行动,排除各种因素的干扰,向着特定目标进发,直至最终完成。动机对人的行为还具有强化作用,即行为的结果对动机的"反馈"。行为结果对引起该行为的动机的再次产生具有加强或减弱的作用。在行为产生结果之后,满足行为的结果可以使行为得到维持和巩固,这叫作"正强化";令人不满的行为结果会阻碍动机而使行为受到削弱和减退,这叫作"负强化"。

二、动机的类型

动机的类型包括生理性动机和社会性动机。

(一)生理性动机

生理性动机又称为原发性动机,是由于人的生理上需要而产生的内在直接动力,主要包括饥渴动机、性动机、排泄动机、睡眠动机、母爱动机等。

企业营销中,许多动机的诉求其实是要焕发消费者的生理性动机,比如购买许多的食物其实是消费者饥渴动机的实现。

(二)社会性动机

社会性动机又叫继发性动机和心理性动机,是以社会需要为基础的动机。社会动机的内容十分丰富,如成就动机、交往动机、权力(支配)动机等都属于社会性动机。

1.成就动机

指个体在完成某种任务时力图取得成功的动机。各人的成就动机都是不相同的,每一个人都处在一个相对稳定的成就动机水平。人在竞争时会产生两种心理倾向:追求成就的动机和回避失败的动机。

影响成就动机的因素有许多,例如成就动机的高低与童年所接受的家庭教育关系密切;教师的言行影响学生成就动机的强弱;经常参加竞争和竞赛活动的人比一般人的成就动机强;学生的学习成绩与其成绩动机呈正相关;个人对工作难度的看法影响成就动机;个性因素影响成就动机;群体的成就动机的强弱与自然环境和社会文化条件有关。

在企业营销中,利用消费者的成就动机进行营销是一种常用的策略和手段。比如让消费者购买比较贵重的商品或者服务,都可以和实现个人的某种成就联系在一起,给消费者以联想并让消费者在消费中感觉实现了某种成就。

2.交往动机

指个人愿意与他人接近、合作、互惠,并发展友谊的动机。交往动机能够正常实现时,人们就会获得安全感、归属感,增添生活的勇气;反之,当交往动机受到阻碍或剥夺时,人们就会感到孤独、寂寞,甚至焦虑和痛苦。

在企业营销中,利用消费者的交往动机进行营销也是经常需要采取的策略和手段。比如通过提供商品来满足人们之间相互交往送礼的需要,通过提供各种服务或者平台(如互联网等)来满足人们交流感情,结交朋友的需要等。

3.权力动机

指人们具有某种支配和影响他人以及周围环境的动机。人的权力动机强,常常表现为主动参与社会事业,并试图在其中起到支配和领导作用;人的权力动机弱,虽然也能参与社会事业,但主动性不强,也缺乏在群体中起支配、领导作用的愿望。

权力动机又可分为个人化权力动机和社会化权力动机。具有个人化权力动机的人,积极参与社会活动的目的是为表现自我,满足个人的私欲或利益,权力、地位被当成获利的手段;而具有社会化权力动机的人,寻求权力的目的是为他人,以个人的知识、智慧、才干、人格去影响他人,如作家以自己的作品或精神产品去影响他人,影响社会。总之,具有社会化权力动机的人,把权力看成是能更好为他人谋利、为人类做贡献的手段。

在企业营销中,同样可以利用人们的权力动机来进行有效的营销活动,让消费者通过消费一些产品或者服务,来实现消费者的支配欲或者占有欲。比如通过拥有电子游戏和操作游戏,来实现消费者的一种占有欲和支配欲的满足。

三、动机强度与动机冲突

(一)动机强度

动机强度就是指要满足某一特定需要的强烈程度。有时,满足某一需要的动机非常强烈,我们需要优先满足它,从这个意义上来说,动机就是具有足够强度的需要。而有时,需要的强度不够,所以动机强度也就微弱。

(1)动机强度取决于某人的现实需要状态(现在的处境)与期望状态(希望达成的目标)之间的差异程度。需要没有被满足的程度越高,动机强度也就越强。例如,24小时没有吃饭的人想要填饱肚子的动机是非常强烈的。

(2)动机强度也取决需要的重要程度。人们满足其最重要需要的动机往往更加强烈。

(3)动机强度还取决于人们的介入程度。介入是指某一对象或行为与个人的相关程度。消费者认为某一对象或行为满足其重要需要的程度越高,则该对象或行为与个人的相关程度就越高,消费者想要满足其需要的动机越强烈,从而对满足这些需要的潜在来源的介入也越高。例如,想要建立良好的社会形象的消费者就比不具有此动机的消费者,对能够满足这一需要产品的介入就会更高些。同理,引起较高介入(即与我们个人需要的相关程度较高)的产品会增强消费者获得和消费该产品的动机。例如企业可以通过宣传公益,并举办公益活动来让消费者积极介入,进而让消费者产生购买动机和购买行为。

介入和动机强度非常重要,因为它们决定了消费者设法满足其需要过程中付出努力的程度。随着动机强度和介入的提高,消费者会更努力满足其需要。他们会更关注各种相关信息,仔细地考虑说服性广告所传达的信息,并做出不同寻常的反应,还会搜寻更多的外部信息,消费者也可能会为了满足需要而考虑更多的选择方案。

(二)动机冲突

动机冲突或动机斗争就是指在同一时间内出现的彼此不同或相互抵触的动机,因不可能都获得满足而产生的矛盾心理。动机冲突在每个人的日常生活中都会经常发生。人的需要会形成多种多样的动机,但是在某一特定的时空条件下,这些同时并存的动机不可能同时获得满足,人们不得不从众多的动机中选择某个或某些动机而放弃其他动机,因此在人的心理上就产生了动机冲突或动机斗争。

(1)动机冲突按性质和内容来分,可以分为原则性动机冲突与非原则性动机冲突。

原则性动机冲突是指个人愿望与社会道德标准相矛盾的动机冲突。如公与私的冲突,个人利益与集体利益的冲突。

非原则性动机冲突是指与社会道德标准不矛盾,只涉及个人兴趣、爱好取舍的动机冲突。如周末既想去看电影,又想复习功课。

(2)动机冲突按表现形式来分,可以分为双趋动机冲突、双避动机冲突和趋避动机冲突。

双趋动机冲突是指同时面临两个具有同等吸引力的目标,又不能同时达到,必须选择其一时产生的动机冲突。《孟子》里说:"鱼,我所欲也;熊掌,亦我所欲也。二者不可得兼,舍鱼而取熊掌者也。"这正是双趋动机冲突。

双避动机冲突是指面临两个具有威胁性的目标都想避开,但必须接受其一时而产生的动机冲突。比如又怕学习辛苦,又怕老师批评,两者都想回避,但须接受其一的动机冲突。

趋避动机冲突是指对同一目标,同时产生的既好而想趋之,又恶而想避之时产生的动机冲突。比如学生想去做"义工",又怕误学习时间。

动机冲突与目标确立是同步进行的。动机冲突就是为选择目标而产生的,动机冲突的过程就是目标确立的过程。动机冲突就因为在某人的心目中可能有两种或多种目标,动机冲突的过程就是对众多目标利弊、优劣以及实现的可能性进行权衡,进而决定取舍的过程。由此可见,行动目标的确立不在动机冲突的开始,而在动机冲突的最后,动机冲突停止的同时,目标也就确立了,所以说目标确立是动机冲突的结果。目标一旦确立就可以拟定行动方案付诸实践了。

消费者在消费过程中,动机冲突是不可避免的。既可能涉及原则性的动机冲突,比如个人想消费的某种产品或服务是和社会道德甚至是和法律相冲突的;也可能涉及非原则性冲突,比如在某一段时间里,想去黄山旅游,也想去泰山旅游,两者必须选择其一。

四、消费者购买动机

(一)消费者需要、动机和行为

消费者购买动机是指直接驱使消费者实行某项购买活动的内在推动力。当消费者因缺乏某种目标而产生需要时,便会产生心理不均衡和紧张的感觉,此时遇上外部适宜的刺激因素,将激发消费者争取实现满足需要的目标的动力,即形成动机。在购买动机的驱使下,消费者采取购买行为以实现目标,即满足消费需要。一旦目标达到,内心紧张状态随之消除,消费者采取行为过程即告结束。但消费行为的全过程并未停止,消费者还会进一步比较最初的需要与实现的目标之间有无差距,并得出评价结果。在此基础上,消费者又会产生新的未满足的需要。这一需要循环往复、不断进行,消费者亦在其中不断满足并产生着新的需要,由此推动整个社会消费和生产的持续。

(二)消费者动机的特性

与需要相比,消费者的动机较为具体直接,有着明确的目的性和指向性,但同时也更加复杂。具体表现为以下特性。

1. 主导性

在现实生活中,每个消费者都同时具有多种动机,这些动机相互联系,形成一个完整的、复杂的动机系统。在动机体系中,各种动机所处的地位及所起的作用互不相同。有些动机表现得强烈、持久,处于支配性地位,属于主导性动机;有些动机表现得微弱而不稳定,处于依从性地位,则属于非主导性动机。通常,个体的行为是由主导性动机决定的,尤其当多种动机之间发生矛盾冲突时,主导性动机往往对行为起支配作用。例如,吃要营养,穿要漂亮,用要高档,是多数消费者共有的购买动机,但受经济条件所限,这些购买动机无法同时实现,此时,如果添置衣服的动机最强烈,是占主导的,则该消费者最终决定宁可省吃俭用也要满足穿的漂亮。

2. 可转移性

可转移性是指消费者在购买过程中,由于新的消费刺激出现而发生动机转移,原来的非主导性动机由弱变强、由潜在状态上升为主导性动机的特性。例如,某消费者本欲购买咖啡,但在购买现场看到茶叶在做宣传活动,在了解到喝茶的多种益处后,出于健康的考虑,转而购买茶叶。有时,动机的改变可能是由于原有动机在实现过程中受到阻碍,也可能导致消费者动机的转移。例如,消费者购买皮衣,因价格昂贵而放弃,转而决定购买普通服装。

3.组合性

消费者在采取某种行为时,可能是由某一种动机决定,也可能出于多种动机共同作用的结果,这种现象称为动机的组合性。换句话说,购买动机与消费行为之间并不完全是一一对应的关系。同样的动机可能导致不同的行为,而同样的行为也可以由不同的动机引起。比如消费者购买名贵手表,往往就具有多种动机,查看时间方便,显示身份地位,展示个性,突出个人魅力等等。

4.内隐性

动机的内隐性是指个体往往出于某些原因而将自己的主导性动机或真实动机隐藏起来。在现实生活中,消费者的动机从外部往往难以直接观察和捕捉到,其真实动机经常处于内隐状态。在复杂的行为中,主导性动机或真实动机常被个体刻意地掩盖。比如,城市居民购置大套房产,表面动机看似出于改善住房条件,但真实动机可能是彰显经济实力,炫耀富有。此外,动机的内隐性还可能由于消费者对自己的真实动机缺乏明确意识,即动机处于潜意识状态,这种情况在多种动机共同驱动一种行为时经常发生。

第三节　消费者购买决策

一、消费者购买决策的含义

决策是指为了达到某一预定目标,在若干个可供选择的备选方案中选择满意方案的过程。消费者的购买决策是指作为决策主体的消费者,为了满足自己的特定需要,在购买过程中所进行的评价、判断、选择等一系列的活动。

由于消费者的购买决策决定了其购买行为发生或不发生,而且决策的内容也规定了购买行为的方式、时间、地点,再则决策的质量还决定了购买行为的效用大小。所以,购买决策在消费者购买行为活动中占有极为重要的关键性地位。正确的决策会促使消费者以较少的费用、精力,在较短时间内买到质价相符、称心如意的商品,最大限度地满足自身的消费需要;反之,质量不高或错误的决策,不但会造成时间、金钱上的损失,还会给消费者带来心理挫折,对以后的购买行为产生不利的影响。决策在购买行为中居于核心地位,起着支配和决定其他要素的关键作用。

二、消费者购买决策的类型与过程

(一)消费者购买决策类型

消费者购买决策随其购买决策类型的不同而变化,较为复杂和花钱较多的决策往往凝结着购买者的反复权衡和众多人的参与决策。

1. 阿萨尔的购买决策类型

美国学者亨利·阿萨尔根据参与者的介入程度和品牌间的差异程度,将消费者购买行为分为四种类型,如表 4-1 所示。

表 4-1　购买决策类型

品牌差异程度	消费者的购买介入程度	
	高	低
大	复杂性购买行为	寻求多样的购买行为
小	减少失调的购买行为	习惯性购买行为

(1)习惯性购买行为

习惯性购买行为出现在消费者介入程度不高,品牌差异小的情况下。对于价格低廉、经常购买、品牌差异小的产品,消费者不需要花时间进行选择,也不需要经过收集信息、评价产品特点等复杂过程,因而,其购买行为最简单。消费者只是被动地接收信息,出于熟悉而购买,并不一定是因为特别偏爱某一品牌,而是出于习惯。比如醋这个产品,这是一种价格低廉、品牌间差异不大的商品,消费者购买它时,大多不会关心品牌,而是靠多次购买和多次使用而形成的习惯去选定某一品牌。

针对这种习惯性购买行为,营销者要特别注意给消费者留下深刻印象,企业的广告要强调本产品的主要特点,要以鲜明的视觉标志、巧妙的形象构思赢得消费者对本企业产品的青睐。为此,企业的广告要加强重复性、反复性,以加深消费者对产品的熟悉程度。

(2)寻求多样的购买行为

寻求多样的购买行为出现在消费者介入程度不高,但品牌差异大的情况下。有些产品品牌差异明显,但消费者并不愿花费长时间来选择和估价,而是不断变换所购产品的品牌。这样做并不是因为对产品不满意,而是为了寻求多样化。比如购买饼干,他们上次买的是巧克力夹心,而这次想购买奶油夹心。这种品种的更换并非对上次购买饼干的不满意,而只是想换换口味。

针对这种寻求多样化的购买行为,营销者可采用销售促进和占据有利货架位置等办法,保障供应,鼓励消费者多样购买。企业也可以提供多样化的产品来满足消费者对产品的多样化需求。

(3)减少失调的购买行为

减少失调的购买行为出现在消费者介入程度高,品牌差异小的情况下。有些产品品牌差异不大,消费者不经常购买,而购买时又有一定的风险,所以,消费者一般要比较、看货,只要价格公道、购买方便、机会合适,消费者就会决定购买。购买以后,消费者也许会感到有些不协调或不够满意,在使用过程中,会了解更多情况,并寻求种种理由来减轻、化解这种不协调,以证明自己的购买决定是正确的。经过由不协调到协调的过程,消费者会有一定的心理变化。

针对这种购买行为,营销者应注意运用价格策略和有效人员宣传,向消费者提供有关产品评价的理性信息,使其在购买后相信自己做了正确的决定。

(4)复杂性购买行为

复杂性购买行为出现在消费者介入程度高,品牌差异大的情况下。当消费者购买一件贵重、不常买、有风险且又非常有意义的产品时,由于产品品牌差异大,消费者对产品缺乏了解,因而需要有一个学习过程,广泛了解产品性能、特点,从而对产品产生某种看法,最后决定购买。

针对这种复杂性购买行为,营销者应采取有效措施帮助消费者了解产品性能及其相对重要性,并详细介绍产品优势及其给购买者带来的利益,耐心促成消费者的最终选择。

2.霍金斯的购买决策类型

美国学者德尔·I.霍金斯等人所著的《消费者行为学》一书中,将消费者购买决策过程分为三种类型:

(1)名义型决策

名义型购买决策购买介入程度较低,也可以称为习惯性购买决策,通常可以分为两种:品牌忠诚型购买和习惯性购买。习惯性购买也是因为要购买的产品价格低廉,需要经常购买,而且品牌差异小的产品。名义型决策的一般过程是:

问题认知→搜集信息→购买→购后评价

名义型决策在搜集信息方面主要是搜集有限的内部信息,购后评价往往无认知冲突,是非常有限的购后评价。

(2)有限型决策

有限型购买决策购买介入程度比名义型的要高一些,其一般的决策过程是:

问题认知→搜集信息→评价选择→购买→购后评价

有限型决策在搜集信息方面包括了内部信息搜集和有限的外部信息搜集。比名义型决策多了评价选择环节,但属于评价属性少、备选方案少的简单决策规则,购后评价也比较少。

(3)扩展型决策

扩展型购买决策购买介入程度最高,其一般过程与有限型相同,但内容却增加了不少:

问题认知→搜集信息→评价选择→购买→购后评价

扩展型决策在搜集信息方面包括了详细的内部信息和详细的外部信息搜集。在评价选择环节上,评价的属性多,备选方案多,是复杂性决策规则,购后评价会有认知冲突,评价也显复杂。

(二)消费者决策过程

不管是阿萨尔的购买决策类型还是霍金斯的购买决策类型,完整的消费者购买决策过程一般都由五个阶段构成。

问题认知→搜集信息→评价选择→购买决定→购后评价

1.问题认知

问题认知是指消费者意识到的理想状态与实际状态存在差距,从而需要采取进一步的行动。问题认知是消费者决策过程的第一步。实际状态是指消费者对自己当前的感受及处境的认知。理想状态是指消费者当前想达到或感受的状态。问题认知是消费者的理想状态与实际状态之间的差距达到一定程度并足以激发消费决策过程的结果。比如,消费者想让周末快乐而充实,当消费者发觉自己在周末孤孤单单、心情烦躁时,消费者就会把它作为一个问题看待了,因为消费者的实际状态(心情烦躁)与理想状态(快乐而充实)之间有差距。所以,消费者就会想通过看电视、给朋友打电话、出门闲逛或干其他别的事情。

作为对问题认知的反应,消费者采取何种行动取决于问题对于消费者的重要性、当时情境、该问题引起的不满或不便的程度等多种因素。缺乏对问题的认知,就不会产生决策的需要。

消费者问题可分为主动型与被动型。主动型问题是指在正常情况下就会意识到将要意识到的问题。如冰箱坏了,就会想到请人来修理。被动型问题则是消费者尚未意识的问题,需要别人的提醒。如对手机辐射的安全性问题的提示。

购买过程开始于消费者确认面对的问题或需要,这个需要可以由内在和外在的刺激所触发。内在刺激,比如人的生理需要,包括食欲、性欲等,上升到某一阶段就会成为一种驱动力;外在刺激,比如一个人可能因为羡慕别人买了某品牌的汽车而激发起自己的购买欲望。

营销者所能做的就是能识别引起消费者某种需要的环境和刺激因素,如何加强对消费者的刺激,以激起消费者对产生问题的认知和需求。营销者要注意两方面的问题:一是注意了解那些与本企业的产品实际上或潜在的有关联的驱使力;二是注意到消费者对某种产品的需求强度,会随着时间的推移而变动,并且被一些诱因所触发。

2.搜集信息

一般来讲,问题认知后就要想办法去解决问题,这就需要搜集必要的信息。信息搜集主要是搜集品牌信息、产品属性信息、评价信息和体验信息等。信息的来源可以从消费者内部及外部以下五个方面来获得。

(1)记忆来源:消费者内部信息,过去积累、个人经验及低介入度学习形成的记忆。

(2)个人来源:从家庭、亲友、邻居、同事等个人交往中获得信息。

(3)营销来源:广告、推销人员、商品包装、产品说明书等提供的信息。

(4)独立来源:从杂志、消费者组织、政府机构等获得的信息。

(5)经验来源:消费者从自己亲自接触、试用、使用商品的过程中得到的信息。

针对这个阶段,企业营销的关键是要能掌握消费者在搜集信息时会求助于哪些信息源,并能通过这些信息源向消费者施加影响力。移动互联网的出现正以某种尚未为我们全面了解的方式改变着信息的搜集,营销者们必须维护好精心设计的网站。此外,越来越多的公司正把移动互联网当作一种广告媒体来使用。

3.评价选择

消费者意识到问题之后,就开始寻求不同的解决方案。在搜集与此有关的信息的过程之中和之后,他们评价各备选对象,并选择最可能解决问题的方案。消费者的选择有时是基于简单的选择规则,如"买可以买到的最便宜的品牌"。有时他们所运用的规则是相当复杂的,包括多个步骤和过程。

消费者有很多选择的方式。基于属性的选择要求在选择时,消费者要具有关于备选特定属性的知识,而且需要对各品牌进行一个一个属性的比较。基于态度的选择包括使用一般态度、总体印象、直觉或者启发线索,在选择时不需要进行一个一个属性的比较。一种较常见的结合方式就是在基于态度的过程中形成总体的偏好,然后根据各品牌价格属性的比较做出最后选择。

选择理论假定消费者是理性的,他具有确定的偏好,而且其偏好与备选品的呈现方式无关。情感型选择是消费者选择时使用的另外一种独特的方法。

消费者对搜集到的信息中的各种产品的评价主要从以下几个方面进行。

(1)分析产品属性。产品属性即产品能够满足消费者需要的特性。消费者一般将某一种产品看成是一系列属性的集合。营销者应分析本企业产品应具备哪些属性,以及不同类型的消费者分别对哪些属性感兴趣,以便进行市场细分,对不同需求的消费者提供具有不同属性的产品,既满足顾客的需求,又最大限度地减少因生产不必要的属性所造成的资金、劳动力和时间的耗费。

(2)建立属性等级。即消费者对产品有关属性所赋予的不同的重要性权数。营销者应更多地关心属性权重分配,而不是属性特色。

(3)确定品牌信念。消费者会根据各品牌的属性及各属性的参数,建立起对各个品牌的不同信念,比如确认哪种品牌在哪一属性上占优势,哪一属性相对较差。

(4)形成"理想产品"。消费者评价的结果,往往会相对地选择出自己的"理想产品",它可能不十全十美,但却是相对最好的选择。

在评价选择过程中,消费者常常要考虑多种因素。因此,营销者如果能够搞清楚消费者评估诸因素的不同重要性,通过营销手段强化消费者看重的因素,弱化次要因素和消极因素,就可能更多地取得消费者的青睐。

4.购买决定

购买决定涉及这样几个问题:有购买风险吗？在哪里购买？用何种方式购买？

(1)风险。产品购买涉及产品使用后达不到预期效果的风险,产品失灵会带来很高的成本或损失。消费者购买主要面临着以下的风险。

①生理风险。消费者会对企业的产品产生不信任感,甚至恐惧,认为该产品或服务可能会对自己的身体造成一定的危害。如买某种药品,其副作用对个人的危害;买某种电器,其安全性对个人的危害(如热水器安全问题,电脑、手机的辐射问题);买某种油漆,其化学性对个人的危害;消费者对娱乐场所一些刺激项目的恐惧和对大众浴场内传染病的恐惧等等。身体健康是生命中最宝贵的财富,这时候消费者宁愿等待、或少消费、或放弃、或寻找替代产品,由此而造成需求目标购买的中断。

②金钱风险。消费者可能会对消费某种产品或服务产生丢失了钱或浪费钱的感受。如买一台降价极快的电脑;买一种强迫性的保险(如参加一般没有风险的旅游被强制搭售保险等)。因为有这样的客观事实存在,消费者尽管早有需求目标,但这种目标风险却使得他们最终还是放弃了目标。或者是采取等待的态度,期望过一段时间以一个低价格享受目前还是一个高价格的产品或服务。金钱风险与消费者的收入、产品或服务的有用程度密切相关,一般来说,收入低的消费者容易产生这种感受,其涉及产品或服务的种类也更多。

③功能风险。消费者担心产品使用时间短或达不到其宣传的功效。比如买一瓶可能不去头屑的洗发水;买一种可能不治感冒的感冒药;买一台使用时间可能不够长的空调等。如果消费者认为市场上的产品许多宣传多属骗人的伎俩,其消费就会更加慎重,对企业的产品宣传持不信任的态度。

④心理风险。消费者因为观念不符合一个重要参照群体的标准,而造成消费心理障碍,进而影响到向往的消费目标的实现。如一些老年人会认为消费时髦的产品会给另外一些人带去不良印象,遭到别人的非议;一些人会因为别人的影响或周围的舆论,没有去消费自己想要的某种产品或者某种品牌的产品;一些人因为怕遭同一群体的人的误解而不敢买别人还没买或只有极少数人买的产品。

消费者减少购买风险的方法主要有:多收集信息;咨询专家;选择名牌或熟悉的商品;去信誉良好的商店购买;选择同类中较贵的商品;少量购买可分割的商品;运用遗憾最小化决策规则等。

营销者在这时就要努力降低消费者的购买风险,促成消费者产生购买行为。营销者可以通过介绍产品知识,增强消费教育,让消费者明明白白消费;可以制定合理价格策略,让消费者实实惠惠消费;可以抓好产品质量,宣传名实相符,让消费者安安心心消费;可以努力营造良好的消费环境和舆论环境,让消费者大大方方消费。

(2)售点。消费者选择购买地点的过程如同选择品牌的过程一样,唯一的区别在于使用的标准不同。商店形象是消费者选择商店的一项重要评价标准。商店形象的主要构成层面是商品、服务、人员、物质设施、方便、促销、店堂气氛、机构和售后因素。商店品牌可以利用也可以拓展商店形象。店铺位置对于消费者来说是一个重要属性,因为大多数消费者喜欢就近购物。大零售店通常比小零售店更受欢迎。

有些时候在商店里,消费者常常购买与进店前所做计划不同的商品或品牌,这种购买被称为冲动型或非计划性购买。我们可以将这类购买视为由店内刺激引发进一步或更多的信息处理所带来的结果,对营销策略的制定更有意义。下面这些变量对销售模式有重大影响,它们是:购物点陈列、商店布置、销售人员和品牌或商品的脱销。

(3)购买方式。一旦品牌和商店都已选定,消费者接下来要做的就是完成交易。传统上,消费者需要支付现金以取得对产品的各项权利。然而,在当今社会里,信用卡在消费者购买中占有非常重要的地位,如果没有信用卡,许多交易就无法进行。

商店必须尽可能简化实际的购物程序。这既包括缩短付款排队时间这样简单的管理,也包括较为复杂的操作,如将信用卡账号输入计算机以便缩短信用卡审核时间等等。

许多商店好像忽视了这样一个事实,即实际的购买是购物过程中消费者与商店的最后一次接触。第一印象固然重要,但最后的印象也是如此。店员在这时不仅要保持工作的效率,也要乐于助人并富有人情味,他们的行为和态度代表了商店希望留给顾客的最终印象。

在购买意图和决定购买之间,还有两种因素会起作用:一是他人的态度;二是意外情况。例如,丈夫正准备买烟时,妻子会说,你最近经常咳嗽,丈夫可能就不购买了。也可能正好在这个时候,他突然接到一个电话要及时赶去某个地方而终止了购买等。

5.购后评价

购后评价活动包括了购买后冲突、产品使用方式和产品处置。

(1)购后冲突。对购买的怀疑和不安叫作购后冲突或购后不和谐。虽然不是所有的购买但确实有一部分购买会产生购后冲突。购后冲突或购后不和谐之所以发生,是因为选择某一产品,是以放弃对另外产品的选择,放弃其他产品所具有的诱人特点为代价的。由于大多数介入程度高的扩展型决策涉及一个或多个引发购后冲突的因素,因此,这些决策常伴随购买后冲突。消费者会设法减少冲突,避免冲突的方法包括在购买之前采取行动避免或者推迟购买决定,或者使用一个可以使遗憾最小化的决策规则。

与购后冲突非常相似的一个概念是消费后悔。当消费者在使用产品或者服务时产生了负面的情绪,这时消费后悔就会发生。营销者应该重点强调消费该产品的明智性,给消费者一个消费该产品的坚定理由。

(2)产品使用方式。无论消费者是否经历购后冲突,多数购买者在购回产品后会使用产品。产品可以是买者本人使用,也可以是购买单位或家庭的其他成员使用。跟踪产品如何被使用可以发现现有产品的新用途、新的使用方法、产品在哪些方面需要改进,还可以为营销主题的确定和开发提供帮助。

产品不使用或闲弃也是需要引起注意的问题。如果消费者购买产品后不使用或实际使用比原计划少得多,营销者和消费者都会感到不满意。因此,营销者不仅试图影响消费者购买决策,同时也试图影响其使用决策。

(3)产品处置。产品及其包装物的处理可以发生在产品使用前、使用后或使用过程中。由于消费者对生态问题的日益关注、原材料的稀缺及成本的上升、政府或者有关组织的管理和监控,营销者对处置行为的了解变得越来越重要。

消费者购买以后,可能获得满足,这将鼓励他今后重复购买或向别人推荐该产品。如果不满意,则会尽量减少不和谐感,因为人们存在着一种在自己的意见、知识和价值观之间建立协调性、一致性或和谐性的驱使力。具有不和谐感的消费者可以通过放弃、不用、退货、诉诸法律、四处抱怨等做法来发泄心中的不满,减少不和谐感。购买者对其购买活动的满意感(S)是其产品期望(E)和该产品或觉察性能(P)的函数:$S = f(E, P)$。若$E = P$,则消费者会满意;若$E > P$,则消费者不满意;若$E < P$,则消费者会非常满意。

营销者通过了解消费者如何经历问题认知、搜集信息、评价选择、决定购买和购后评价的决策过程,就可以获得许多有助于满足消费者需要的有用线索,通过了解购买决策过程的各种参与者及其对购买行为的影响,就可以为其目标市场设计有效的市场营销计划与方案(图 4-2)。

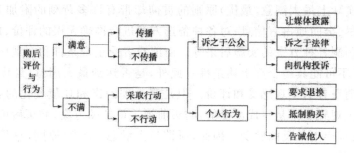

图 4-2　购后的评价与行为

三、消费者购买决策的参与者与内容

不同的购买决策可能由不同的人参加,同一购买决策也可能由不同的人参加,即使同一购买决策只有一个人参加,该购买决策人在参与购买决策过程的不同阶段也充当着不同的角色。人们在一项购买决策过程中可能充当以下角色。

(1)发起者:首先想到或提议购买某种产品或劳务的人。

(2)影响者:其看法或意见对最终决策具有直接或间接影响的人。

(3)决定者:能够对买不买、买什么、买多少、何时买、何处买等问题做出最后决定的人。

(4)购买者:即执行购买决定,从事实际购买的人。

(5)使用者:实际消费或使用所购商品或劳务的人。

对不同的商品,在购买决策过程中参与者扮演角色的多少也有所不同。例如在家庭中购买汽车和洗衣机,情况可能就会有所不同。

四、消费者购买决策的原则

消费者在决策过程中,总是依据一定的标准、尺度,对各种方案进行比较选择,从中确定最满意的方案。而选择标准及尺度的拟订又是以一定原则为基础的,决策原则始终贯穿于决策过程,指导着消费者的决策活动。实践中,消费者可依据几种不同的原则制定相应的购买决策。

(一)最大满意(最优)原则

就一般意义而言,消费者总是力求通过决策方案的选择、实施来取得最大效用,使某方面需要得到最大限度的满足,按照这一指导思想进行决策,即为最大满意(最优)原则。遵照最大满意原则,消费者将付出一定代价追求决策方案和效果的尽善尽美,直至达到目标。

但实际上最大满意(最优)原则的贯彻却带有许多苛刻的附加条件,如需要详尽、全面地占有信息;对各种备选方案进行准确无误的评价、比较;能够精确预测各种方案的实施后果等。而消费者受主观条件和客观环境的限制,几乎不可能具备全部上述条件。此外,是否达到最大满意(最优),完全依赖于消费者的主观感受和评价。但是受心理因素和环境变化的影响,消费者的主观感受不是一成不变的,购买前视为最佳的方案,购买后可能评价降低,甚至产生相反的感受。因此,所谓最大满意(最优)原则,只是一种理想化的原则。

(二)相对满意原则

该原则认为,现代社会中消费者面对多种多样的商品和瞬息万变的市场信息,不可能花费大量的时间、金钱和精力去收集制定最佳决策所需的全部信息,即使有可能,与所付出的代价相比也绝无必要。况且人的欲望是无止境的,永远不可能达到绝对的、最大限度的满足。因此,在制定购买决策时,消费者只需要做出相对合理的选择,达到相对满意即可。这里,贯彻相对满意原则的关键是根据所得与所失的比较,合理调整选择标准,使之保持在适度、可行的范围内,以便以较小的代价取得较大的效用。

(三)遗憾最小原则

若以最大或相对满意作为正向决策原则,遗憾最小原则属于逆向决策原则。由于任何决策方案的后果都不可能达到绝对满意,都存在不同程度的遗憾,因此,有人主张以可能产生最小遗憾作为决策的基本原则。运用此项原则进行决策时,消费者通常要估计各种决策方案可能产生的不良后果,比较其严重程度,从中选择情形最轻微的作为最终方案。遗憾最小原则的作用在于减少风险损失,缓解消费者因不满意而造成的心理失衡。

(四)预期满意原则

有些消费者在进行购买决策之前,已经预先形成对商品价格、质量、款式等方面的心理预期。为此,在对备选方案进行比较选择时,既不挑选最佳方案,也不选择可能产生遗憾最小的方案,而是与个人的心理预期进行比较,从中选择与预期标准吻合度最高的方案作为最终决策方案。这一方案相对于预先期望,能够达到的消费者满意程度最大。运用预期满意原则,可大大缩小消费者的选择范围,有助于迅速、准确地发现拟选方案,加快决策进程,同时可避免由于方案过多而举棋不定。

第四节　消费者购买行为及模式

一、消费者购买行为的含义

(一)行为

行为是指有机体在外界环境的影响和刺激下,所引起的内在生理和心理变化的外在反应。它是个体与环境交互作用的结果。人类个体的行为受到人的内部特征和外部环境两方面的影响,因而十分复杂。每个人都是一个独特的世界,相同的环境下可能表现出不同的行为。同时,人的行为也受环境的影响,不同的环境也会导致不同的行为。

(二)消费者购买行为

如果人的行为发生在消费者的购买活动中,就自然产生了消费者的购买行为。所谓消费者购买行为,就是指消费者为满足某种需要而在购买动机的驱使下,以货币换取商品的行动。每个人为了维持其生存,都必须不断地消费他们所需要的各种物品,以满足其生理和心理需要。所以,消费者购买行为是人类社会活动中最具普遍性的一种行为方式。它广泛存在于社会生活的各个时空中,成为人类行为系统中不可分割的重要组成部分。

从广义的角度来看,消费者的购买行为是指消费者个人或其家庭为满足需要而进行的一切活动,包括寻找、购买、评价商品和劳务等一系列过程。购买行为的形成既涉及消费者自身的原因,又关系到商品及社会环境的因素,交织着复杂的理性和感性因素。

二、消费者购买行为的特征

由于影响因素很多,且消费者购买行为本身又常常是复杂多变的,故只能以抽象的方式来分析其一般特征,具体包括如下几个方面。

(一)消费者购买行为是消费者心理的外在表现,消费者的心理现象是消费者行为的内在制约因素和动力

消费者的心理活动过程和个性心理特征是消费者心理现象的两个方面,它们制约着消费者的一切经济活动,并通过消费者的购买行为具体地表

现出来。所以我们在认识购买行为时,必须将消费者的购买活动与其心理过程和个性心理特征紧密结合起来。

(二)个人的消费行为受到社会群体消费的制约与影响

人类个体不仅仅是自然人、经济人,而且必然是社会人,归属于某一社会群体,是该群体的一个成员,如归属于某一家庭、归属于某一社会阶层、某一民族或种族等。作为某种社会群体成员的消费者,其消费行为必然受到所处自然环境和社会环境的影响。

(三)消费行为具有明确的目的性

消费的目的是为了满足消费者的需要,消费行为的直接目的是实现消费者的消费动机,所以消费行为的目的是非常明确的。例如,人们到商店购买食品的目的一般不外乎是出于以下几个原因:一是充饥或补充营养;二是对一种口味的好奇或追求;三是证实他人的说法或广告宣传的内容等。

(四)消费行为具有很强的自主性

消费行为的自主性是消费行为区别于其他行为的重要标志之一。任何消费行为的进行都是在人们自主地支付了货币之后才能实现的,虽然现代商业的发展使消费者支付货币的时间具有更大的灵活性,即消费者可以在购买之前或购买之后的一定时间内支付,但支出相应的货币才能获取商品的所有权与使用权,这一基本前提并没有发生本质的变化。这一基本条件的限定决定了消费行为必然要以自觉自愿地支付货币并取得商品的所有权为特征,也就是说,消费者的消费行为是自主地进行的。

(五)消费行为具有很强的关联性

当消费者满足一种消费需要和实现一种消费动机的时候,他可能会为了得到更加满意的消费效果,而对另一些相关的商品产生了消费需要和消费动机,此乃关联性的表现形式之一;另一种表现形式是,当消费者满足一种消费需要和实现一种消费动机的时候,还可能会产生新的消费需要,并因此而激发新的消费动机。

三、消费者购买行为的类型

消费者的购买行为虽然千差万别,但也具有一定的规律性,可以根据不同的标准,从不从的角度来对消费者购买行进行分类。

(一)按照消费者购买的确定性分类

1.完全确定型

此类购买行为表现是消费者在购买商品之前,已经将要购买的商品相关信息做了比较系统的收集和比较分析,已经有了明确的购买目标,对于商品名称、商标、价格、规格、型号、色彩、款式、质量等都有明确的要求。因此,只要销售人员服务热情,提供的商品符合消费者的意愿,达成交易是比较顺利的,购买行为的全过程都是在非常明确的目标指导下完成的。

2.部分确定型

此类购买行为表现为消费者购买商品前已经有了大致的购买目标,但具体要求还不太明确,对于产品、价格、品牌、款式等还要进一步了解、判别、比较和明确,最终购买决定是在购买现场经过选择比较后做出的。因此,他们在销售现场表现出注意分散、会在不同商品间犹豫,一般也难以清晰地对销售人员说出他们对所需商品的具体要求。所以,销售人员需要热情周到的接待他们,并熟悉所销售商品的性能特点,对他们的提问要能及时准确地回答,消除他们的疑虑,促使他们的购买行为由部分确定型向确定型转变。

3.不确定型

此类购买行为表现为消费者购买商品前没有明确的购买目标,也没有比较迫切的购买任务,甚至只是因为顺路、散步等进入商店,观看、浏览商品。因此,他们在进入商店后,经常表现为漫无目的地东走西看,顺便了解某些商品的销售状况。他们产生购买欲望,做出购买决策,主要取决于商店购物环境的刺激,他们对商品需求处于"潜意识"状态。购物环境的优雅舒适,销售人员主动、热情、周到、良好的服务会给这类消费者以积极的刺激。

(二)按照消费者的购买态度和要求分类

1.习惯型

此类购买行为表现为消费者常常根据过去的购买经验和使用习惯进行购买活动,如表现为长期使用某品牌的规格型号产品、长期光顾某商店等。习惯型购买行为形成的基础是对商品认识或信任,消费者较少受到广告宣传和时尚的影响,如日常生活用品,因消费者需要经常购买,他们对商品的性能和牌号都会比较熟悉,且经过消费使用的比较,对哪种品牌型号的产品更适合自己有清楚的认识,所以,他们在购买时一般不需要经过比较挑选,购买决策快、时间短,购买行为过程也较简单。

2.理智型

此类购买行为表现为消费者以理性为主,很少产生冲动的购买,他们善于观察、分析和比较,有较强的选择商品的能力。购买行为的实现往往要经过一段时间的自己斟酌、考虑和比较分析。特别是价值较大的商品的购买,很多的消费者会表现得比较理性,在采取购买行为前,注意收集商品的各种信息,对所要购买的商品会进行反复的比较、挑选,权衡利弊后再做出购买决定,在整个购买过程中保持高度的自主性,购买行为的过程一般较长,购买决策的速度较慢。

3.经济型

此类购买行为表现为消费者购买商品多从经济角度考虑,对外观造型、色彩等不太在意,往往以价格的高低作为选购商品的标准,对同类商品中价格较低者感兴趣,降价、优惠价和折扣价等对他们有着很强的吸引力。此类消费者一般属于比较勤俭节约的人,收入水平低以及一些年纪较大的人更具有这种勤俭节约的生活习惯。

4.冲动型

此类购买行为表现为消费者的个性心理反应敏捷,情绪容易冲动,易受商品包装和广告等外在因素的影响,以直观感觉为主,新产品、时尚品对他们的吸引力比较大,容易在周围环境的影响下迅速做出购买决定,很少认真考虑商品的性能和质量,不太愿意做反复的选择比较。

5.疑虑型

此类购买行为表现为消费者一般个性心理内倾,购买时善于观察细小事物,行动谨慎、迟缓,体验深刻且疑虑大。他们一般不大相信销售人员的介绍,常常"三思而后行",选购奇品从不仓促的做出决定,对销售人员的介绍疑心重重,检查商品时小心翼翼,动作迟缓、决策犹豫,他们可能是新购买者或者奉命购买者。

四、消费者购买行为的一般模式

许多学者对消费者购买行为的作用机制尝试着建立一种模式来进行描述,如尼科西亚模式、霍华德·谢思模式、恩格尔(EBK)模式等。其实任何消费者的购买行为都脱离不了人类行为的一般模式,即 S－O－R 模式,S 是刺激,O 是个体的生理和心理特征,R 是反应。就是说个体通过接受刺激,经过心理活动,最后产生反应,表现为图 4-3 所示。

内外刺激→购买者的心理活动→购买行为

图 4-3　消费者购买行为模式

　　上述的购买行为一般模式表明消费者的购买行为是由刺激引起的,来自外部的刺激,如产品、价格、分销渠道、促销、社会的经济、技术、政治、文化情况等。来自内部的刺激,如生理、心理需要、个性、态度、习惯、观念等。消费者在种种刺激下,经过复杂的心理活动过程,产生购买动机,做出购买决定、采取购买行动、并进行购买评价,完成了一次完整的购买行为。

第五章 影响消费者心理与
行为的因素

第一节 经济环境因素的影响

一、经济发展水平的影响

经济发展水平在总体上影响并制约着消费者心理与行为的发展变化。

改革开放以来,我国的经济发展越来越受到世界的瞩目,生产力得到了真正的解放,经济发展水平不断提高,GDP 增长迅速。人民的生活水平不断提高,消费结构与层次也随之不断地发生变化。

随着我国经济持续快速发展,新产品的更新换代速度日益加快,必将引发消费内容和消费方式的不断更新,使人们的消费层次、情趣及消费的广度和深度都得到发展。高效率和快节奏的现代生活及各种社会潮流和信息,潜移默化地改变着人们的消费传统和消费心理,促进了消费观念的更新和消费心理的转换。人们对消费的要求也越来越高,对消费求新、求全、求实的心理将比过去更加突出。

二、产业结构调整的影响

改革开放以来,我国不断调整产业结构。在三次产业中,第一产业所占的比重不断下降,同时第二、第三产业所占的比重都不同程度地有所提高,尤其是第三产业。产业结构的调整,特别是提倡大力发展服务行业,对消费者的心理与行为产生了较大的影响,甚至改变了他们的消费方式,主要体现在以下两点。

（一）人们对服务消费的需求增加

随着我国经济的发展,人民收入水平的不断提高,开放意识逐渐增强,节假日的增加及市场产品的日益丰富,都促使消费者希望享受更高层次的生活消费。文化、教育、娱乐、社交、旅游等的消费量激增,各种服务网点日益增多,服务设施不断完善,都为消费者增加社会服务消费创造了条件。各种文化、技术教育等智能型服务的消费提高了消费者的素质;餐饮、家政服务把消费者从传统的家务劳动中解脱出来。消费者对各种服务的依赖程度越来越大。

（二）人们更加注重精神消费

在这个生活节奏不断加快的时代,社会化的服务为消费者实现自我、完善自我提供了时间保证,同时也为他们增强社会活动能力提供了条件。劳动时间的缩短,闲暇时间的增多,必然使消费者对自身的全面发展提出许多新的要求,让他们可以在消费中从事自己爱好的活动,进行各种享受和创造活动。

三、对外开放的影响

对外开放政策对一个国家居民的生活和消费方式的改变有相当大的冲击力。随着我国对外开放的深入,人们的消费方式也呈现出全球化的趋势,不同生活方式之间的差异正在逐步融合。发达国家和地区的消费方式、消费观念对我国消费者的消费心理与行为有很大的影响。各种消费的示范作用带来了消费者心理、消费观念和消费行为的相互交叉。

四、物价和商品零售额的影响

物价和消费品零售额的变动对消费者心理与行为也有一定的影响。主要表现在以下两个方面。

（一）对未来收入、支出及物价走势的预期致使人们持币待购的观望心理增强

近年来,随着我国各项经济改革的深入实施,消费者的收入预期值下降,支出预期值增加,从而抑制了当前消费,出现了许多消费者增加储蓄、持币待购的消费心理。此外,经济全球化的推进,消费国际化进一步明显,国内消费品市场在品种、质量、价格、服务、信誉等方面的竞争会更加激烈,尤

其是 2001 年中国加入世界贸易组织,关税的下调使得一些进口产品的价格不断下降,因此形成了商品价格下跌的强烈预期。而这几年由于需求变化,商家为了争夺有限的市场,频繁地掀起价格大战,最为典型的如彩电、VCD、微波炉、空调的价格战和百货商店降价大战等,这些都促使居民已有的观望心理更为强烈。

(二)普遍形成随用购买的理性消费心理

随着居民生活水平的不断提高,多数居民对目前价格的涨跌变化已有较强的承受能力,能较为理智地选购商品,居民消费向多层次、多元化方向发展,昔日盲目抢购、相互攀比的消费现象已不再重现。居民的消费档次明显拉开,按需选购成为消费的主流,以有限的收入换取最大的效用成为消费行为的基本原则。

五、体制转轨中不确定性因素的影响

20 世纪末我国开展的各项改革措施取得了巨大成效,对推动经济和社会发展起到巨大作用,同时由于社会处于转型时期,陆续产生的各种连锁反应必然对人们的消费产生影响。

(一)结构转型和升级带来的"摩擦性失业",改变了人们的收入预期

由于企业改革和机构改革,造成大批人员下岗分流,加上农村剩余劳动力,我国每年约有 1.8 亿人寻找新的就业机会。企业体制改革中追求效率所引起的减员增效,及农村科技进步所释放的剩余劳动力向非农业转移的就业压力,使得城乡居民再就业困难加大。与就业直接相关的收入预期也不容乐观,人们对未来预期收入的增加缺乏信心。

(二)社会保障制度的不健全致使人们对未来支出的预期不明朗

我国的社会保障制度处于新旧交替阶段,消费者对各项新的保障政策、保障制度心存疑虑。工资结构的变化滞后,市场化消费支出的内容增加,而货币工资没有相应地增加,导致居民分担的改革成本增加,预期支出即未来购买商品房、用于医疗和保健品的支出,及子女目前和未来的教育支出大幅度增加,让人们对未来支出感到难以预估和把握。

（三）消费政策和消费环境也使消费心理产生一定的不确定性

一些抑制性的消费政策如汽车消费的限制政策尚未完全清除；市场的法制体系尚不健全，市场秩序不合理的现象仍较为普遍；社会整体信用水平较低，信息不对称，假冒伪劣产品猖獗等，使消费者在消费时心有余悸。

六、对绿色产品的需求增加

经济的发展也带来的一些负面的影响，自然资源的过度开采，环境受到的破坏和污染，以及食品安全问题的频发，很多疾病的低龄化趋势，使得人们越来越关注可持续发展和可持续消费，人们的消费观念与行为正发生着转变，在个人消费方面，环保和绿色健康的产品越来越成为消费者首选考虑购买的对象。

第二节　文化环境因素的影响

一、文化的概念与特征

（一）文化的概念

文化既是限制人类活动方式的原因，又是人类活动的产物和结果。对于文化的概念迄今为止尚未有统一的定义。据统计，世界各地正式出版物中对文化的描述达 160 种之多。引用较多的是英国学者泰勒在《原始文化》一书中的对文化的定义是："文化是包括知识、信仰、艺术、道德、法律、风俗以及个人作为社会成员获得的任何其他能力和习惯在内的一种复合整体。"

美国营销学教授迈克尔·R.所罗门在其《消费者行为学》一书中认为："文化是社会的个性。文化包括价值和道德等抽象的概念，还包括社会所生产和重视的实质物品和服务，如汽车、衣服、食物、艺术和运动等。换一种说法，文化是组织或社会成员间共有的意义、仪式、规范和传统的集合。"

文化就是在某一个社会里，人们所共有的后天形成的各种价值观念和社会规范的总和。人们倾向于同化在一定的文化环境中,并相信其正确性,直到该文化发生变异或融合了其他文化的分子,才会对原文化的行为标准发生怀疑并改变其行为,以便适应新的文化氛围。

人心受制于文化,文化是最重要的影响人心的社会力量。文化主要包括了价值观念、风俗习惯、宗教信仰、语言文字、知识水平等内容,其中价值观念又是文化的核心。文化影响和反映政治与经济,人们所处的社会角色、家庭生活、社会阶层和人际关系等其实也都是文化的反映和影响的结果。

消费者在一定的文化环境中熏陶,其需求和购买行为必然要打上文化的烙印,离开文化背景就很难理解消费,文化是一面"透镜",人们通过它审视产品。文化对消费者行为的影响巨大而又深远,以致人们有时很难领会文化的重要性,正如鱼儿在水中而忽视水的存在一样,我们往往不能每时每刻都体会到文化的力量,直至遇到不同的新环境而有所觉察。许多吃、穿、交流方式等方面的习性都被认为是理所当然的,如果突然间这些自然而然的假设都不成立了,面对这种变化差异产生的影响则是很大的,用"文化冲击"这个词来形容绝不夸张。

消费文化决定了消费者对不同活动和产品的总体偏好,也决定了具体产品和服务的成败。如果产品所提供的利益与文化成员某个时期的需求一致,那么这样的产品就更可能为市场所接受。例如,20 世纪 70 年代中期,美国文化开始强调健美、苗条的身材作为理想外表的观念。当时对这个目标的鼓励曾为米勒公司"淡啤"的成功作了巨大贡献。这个目标来源于潜在价值观,如灵活性、财富以及对自我的关注。然而,在 60 年代,盖布林格公司推出的低热量啤酒却失败了,因为这种饮料当时太超前了,那时美国消费者对减少啤酒中的热量还没有兴趣。

消费者行为和文化间的关系是双向的。一方面,某一时期与当时文化的优先选择相一致的产品和服务更有可能让消费者接受;另一方面,某一时期由某种文化成功引起的新产品研究和产品设计革新,又为人们了解当时主流文化提供了一个窗口。

亚文化是指在主流文化层次之下或某一局部的文化现象,包括民族、地理、区域、宗教等方面的亚文化状态。作为一个独立的次级文化群体,亚文化既拥有自己独特的信念、价值观和消费习俗,又具有它所在的更大社会群体所共有的核心信念、价值观和风俗习惯。如中国的少数民族,他们既有自己民族的独特文化特征,又有整个中华民族的文化烙印,既有传统中国文化对其的影响,也有现代文化对其的影响。

亚文化是由于社会的多样化发展,文化的一致性消失而形成的。它通常具有地域性,也会因民族、宗教、年龄、性别、种族、职业、语言、教育水平的差异而产生(参见表 5-1)。在亚文化内部,人们的态度、价值观和购买决策方面比大范围的文化内部更加相似。亚文化成为消费者广泛认同的依据,同一亚文化环境中的消费者,其购买行为基本相同,若亚文化环境不同,则消费者购买行为有明显的差异。在一个文化内,亚文化的差异可能导致购买什么、怎样购买、何时购买、在什么地方购买等方面产生明显的差异。

表 5-1　亚文化的类型

人口统计指标	亚文化举例
年龄	少年儿童、青年、中年、老年
宗教信仰	佛教、基督教、伊斯兰教等
民族	汉族、满族、回族、维吾尔族等
收入水平	富裕阶层、小康阶层、温饱阶层等
性别	男性、女性
家庭类型	核心家庭、扩展家庭等
职业	工人、农民、教师、作家等
地理位置	东南沿海、西北地区、中部地区等
区域	农村、小城市、大城市、郊区等

(二)文化的特征

共有性、约束性、差异性、变化性等是文化的主要特征。文化因素对个体行为的影响最难以识别,又最广泛、最深远。

1.共有性

文化是由社会成员共同创造出来的,并对该社会中的每一个成员都产生深刻影响,使同一文化呈现出某种共性,表现在受同一文化熏陶下的人们往往具有共同的生活方式、消费习俗、消费观念、偏好禁忌。从消费行为方面看,表现为人们行为的相互攀比、认同、模仿、感染等社会特点。文化的共有性还表现在不同文化之间的共享性。由于信息、交通的发达,改变了人们相互影响、相互联系的频率和方式,不同文化影响下的人们通过直接、间接的交流,相互越来越了解,不同的文化之间呈现出一种融合性。

2. 约束性

文化一方面就是人为的产物,是由人创造的,另一方面文化又约束了人的心理与行为。在消费方面,人的消费价值观、宗教信仰、风俗习惯、审美情趣等文化因素都直接或间接影响着消费者的购买行为。这样的约束性有些是人们意识到的,有些则是人们没有意识到的。尤其在精神文化方面,文化的约束性往往体现在无形中,往往人们自己都不能清楚地意识到文化对自己的作用和影响,可能只有人们接触其他类型的文化或处于其他文化环境中,才能从不同的文化影响中感受到文化对自己的约束。

3. 差异性

每个国家、地区、民族等都有自己独特的区别于其他国家、地区、民族的社会文化,即有自己独特的风俗习惯、生活方式,伦理道德、价值标准、宗教信仰等,这些方面的不同导致了社会文化的差异。对于企业必须时时注意这种差异与不同,在经营中做到入乡随俗。只有投其所好,才能被不同的文化群体所接受。例如,红色在中国人的观念里象征着热烈、奋进、美好,但西方有些国家却有不同的理解,认为红色是一种危险、令人不安的颜色,易使人联想到流血、事故和赤字。由于这种观念上的差异,我国出口到德国的红色包装的鞭炮曾被要求换成灰色的外包装,才被接受。

4. 变化性

文化一经形成,便以风俗习惯、思想观念、行为方式、特定风格、节日活动等形式表现出来,并以特有的稳定性保持相当长的时间,比如待人接物的礼节。各种各样的传统节日等等。但是文化也并非一成不变,它会随着社会的发展而不断发展变化,以满足社会的各种需要。消费市场是反映社会文化变化的一个最敏感的窗口,因为社会文化的发展变化常导致市场上某种消费时尚及商品的流行。

5. 社会性

文化作为社会交往和人际沟通的信号系统,是把个人凝聚成为社会和群体的纽带。文化的观念、习惯、行为模式都是由生活在同一社会的人们相互分享,并出于社会的压力而保持相对的一致性。每一代人创造的文化也是通过社会机体传递到下一代,为后代社会成员所继承和延续。由此,同一社会的现有成员及后代成员所享有的文化具有社会性。

(三)文化价值观

价值观是指一种文化对于理想的最终状态和行为方式的普遍信念,是指生活在某一社会环境下的多数人对事物和人的普遍看法或态度,包括历史所形成的价值观和当前的价值观。价值观是个体在生活实践中逐渐形成的,一旦形成,就相当稳定。

不同的社会文化背景下,人们的价值观相差很大。消费者对商品的需求和购买行为深受价值观的影响。对于不同价值观的消费者,营销者肯定要采取不同的策略(参见表5-2)。面对乐于变革,喜欢猎奇,比较激进的消费者,企业应重点强调产品的新颖和奇特;而对于那些注重传统,喜欢沿袭传统消费方式的消费者,企业在制定策略时则应把产品同目标市场的文化传统联系起来。例如在国际市场上,中国传统的福禄寿星或古装仕女的产品装饰适合在一些亚洲国家和地区行销,欧美市场上,给产品加上复活节、圣诞节、狂欢节的装饰,则可能打开销路。

表 5-2　价值观与消费行为

核心价值观	具体表现	对消费者行为的影响
个人奋斗	自我存在(例如自力更生、自尊)	激发接受"表现自我个性"的独特产品
讲求实效	赞许解决问题的举动(例如省时和努力)	激发购买功能好和省时的产品
物质享受	好生活	鼓励接受方便和显示豪华的产品
自由	选择自由	鼓励对有差异性的产品感兴趣
求新	产品要更新	鼓励标新立异
冒险精神	轻视平庸和懦弱,希望一鸣惊人	敢于购买效果难以马上显示的新产品
个人主义	关心自我,自我尊敬,自我表现	激发接受"表现自我个性"的独特产品

消费者的决策深受其核心价值观的影响,消费者的核心价值观是指由消费者的态度与行为所构成的一个信念系统。核心价值观比态度或行为更深入存在于消费者的心中,它决定了消费者的长期决策与需求,锁定消费者核心价值观就能影响消费者的购买行为(参见表5-3)。

表 5-3　中国传统核心价值观与消费行为

核心价值观	具体表现	对消费者行为的影响
集体主义，求同心理	合群精神，注重社会规范	消费者较多地考虑社会的、习俗的标准，不喜欢脱离周围环境单纯突出个人爱好的产品
勤俭节约	节制个人欲望，精打细算，知足常乐	偏好经久耐用、物美价廉的产品
家庭观念强	孝悌持家，敬老爱幼	鼓励接受适合整个家庭或老人幼童需要的产品
稳重含蓄	内向，朴实，中庸之道	喜欢产品不过分标新立异，喜欢色调柔和、设计大方、庄重的产品
较保守	循规蹈矩，安分守己，不冒风险	固守品牌的观念

二、文化的其他表现

(一)宗教信仰

宗教对社会和人生有着极其重要的影响,宗教情结是人们内心普遍存在的心理情结。宗教对一个国家和民族的经济发展和市场状况的影响,在不同国家、不同地区有很大的差别。有些国家和地区,宗教色彩比较淡薄,从事营销可以不去过多考虑宗教方面的影响。但在宗教色彩浓烈的国家和地区,不了解当地的宗教情况,对有关的宗教要求、规定或禁忌不清楚,可能根本就无法开展营销活动。宗教对人们的生活方式、价值观念、购买商品的选择、购买行为模式等都有深刻的影响,不同的宗教环境会给营销带来不同的机遇或限制,这种影响可以体现在宗教节日、要求和禁忌等方面。

(二)风俗习惯

百里不同俗,千里不同风。风俗习惯是指一个国家或地区或民族约定俗成的规定、图腾和禁忌。它们可以反映在居住(如房屋构造)、婚嫁(如中国人婚嫁要放鞭炮)、生儿(如中国人生了孩子要给红蛋)、文娱(如京剧等戏剧)、节日(如中秋节、重阳节等)、禁忌(可以反映在数字、颜色、图案、动物、植物上)等方面。风俗习惯表现出独特的心理特征、道德伦理、行为方式和消费习惯。

在中国,由于地域广袤,各地自然条件差异悬殊,由此导致在饮食习惯、民情风俗方面存在很多不同。以饮食而言,我国北方盛产小麦,以吃面食为主,南方是稻谷的产区,大米饭是主食。在口味上,南甜北咸的倾向明显,这也和自然环境有关。南方湿度大,人体水分蒸发量相对较小,不需补充过多盐分,又盛产甘蔗,所以南方人爱吃甜食。北方干燥,需要较多盐分补充,故喜咸味。在菜品制作上,南细北粗的特点十分鲜明。在东北,与吃有关的是大葱、大酱、大饼、大馒头、大米粥、大白菜,大块吃肉,大碗喝酒。南方饮食在精细上下功夫,肉切得薄薄的、细细的,码得齐齐的,酒烫得暖暖的。北方人初到南方,看到都是小碗小碟,盘小量还不足,总觉得没有北方那样"大气"。相反,南方人到北方,看到的是大碗大碟,分量十足,在感叹北方人"实在"的同时对菜品的精细程度有不习惯之感。一样是过年和吃年夜饭,北方不能没有饺子,饺,形如元宝,音同"交子",除夕进食有"招财进宝"和"年岁交子"双重吉祥含义;而南方守岁,通常会备有年糕和鱼,年糕有"年年高"的吉祥寓意,鱼则有"年年有余"的含义。

禁忌也是风俗习惯重要的组成部分,如果没有认识到对方的禁忌,就会产生误会甚至冲突。例如很多西方人认为数字"13"代表不祥而避讳,而中国人比较避讳"4"这个数字等。

企业营销者在从事营销活动中必须研究了解目标市场消费者的禁忌、习俗、避讳、信仰等,不然就会因为不懂风俗习惯而得不到期待的营销结果。不懂风俗习惯的更坏的结果是:因为违反了禁忌而被消费者抵制甚至打击。

(三)神话与仪式

神话是指包括象征性元素的故事,它代表了一种文化理想。神话通常叙述一些对立势力的冲突,其结局就构成人们的道德指南,神话故事减轻了人们的忧虑,因为它往往给人们提供处世指引。

提到神话故事,人们通常联想起古希腊神话、中国的山海经等。理解具有文化意义的神话故事对营销者来说是重要的,营销者在某些情况下(多数是无意的)模仿神话故事的结构制定策略。例如麦当劳宣传"神话般"品质的方式,其"金色拱形门"的标志广受认可,它实际上已经与美国文化同义。麦当劳在全世界为美国人提供避难所,他们很清楚走进一所麦当劳餐厅会得到怎样的服务。麦当劳也在广告创造的虚幻世界中演绎着善恶之争。

仪式是一套复合的多种象征性行为,这些行为有固定的发生顺序。而且常常需要定期重复进行。当人们提到仪式,进入脑海的可能是古怪的部落典礼,也许包括杀生或祭祀。但事实上,当代消费者的许多活动都具有仪式性,仪式既具有稳定性,也具有变化性。仪式一般包括了七种类型。

(1)宗教仪式:洗礼、冥想、弥撒、祈祷等;
(2)变迁仪式:毕业典礼、结婚典礼等;

（3）文化仪式：情人节、中秋节、春节等各种节日；

（4）公民仪式：游行、选举、审讯等；

（5）团体仪式：协会入会仪式、商业谈判、办公午宴等；

（6）家庭仪式：就餐时间、就寝时间、生日等；

（7）个人仪式：修饰仪式、礼仪等。

中国文化极重视"礼"，其中包括中国人的送礼行为。送礼行为在许多场合有丰富的仪式性表达。中国是礼仪之邦。"礼尚往来"，"来而不往非礼也"，是中国人内心深处面子情结的最直白的表达。中国人送礼时对面子极其关注，有时礼品就是面子，礼品的轻重就是面子的大小，特别是过年，礼品则更加讲究。送礼在农村和城市都很盛行，送礼消费也营造出一个巨大的市场。

消费者仪式能对营销产生影响，商家迎合每个可能的节日和场合提供适宜的礼品，就是很好的例子。在送礼仪式中，消费者采购理想的物品，并仔细包装（象征性地把普通商品转变成独特的礼品），然后把它送给接受者。

（四）知识水平

知识也是深刻影响人心的重要文化力量。

知识水平的高低直接影响人们的消费行为和消费结构。企业所在地区的知识水平也在一定程度上制约着企业的营销活动。一般来说，知识水平高的消费者对产品的内在质量、外观形象以及服务有着较高的要求。而知识水平低的消费者往往要求更多的实物样品和通俗易懂的产品介绍。知识水平较低的人群，购买产品的理性程度相对低，对新产品的接受能力比较弱，而知识水平较高的地区正好相反。一个人知识水平的高低同样影响到他个人的消费倾向和消费行为。

（五）审美体验

美学即关于美和审美体验的观念，是文化的重要组成部分，包括各类文学艺术中以不同形式表现的美，如音乐美、绘画美、形体美、舞蹈美、戏剧美、文学形象美等。美学一方面有共性，另一方面又极具个性，不同国家、不同民族、不同地区、不同阶层、不同性别的人都有不同的审美观。

中国人与西方人在审美体验上的观念是不同的。首先，对美的起点不同。西方人关注美是什么，对美的主体追问是偏重分析的逻辑思维，特别注重思维的认识作用，而中国人关注"审美何为"，是一种价值论、意义论上的追问，偏重于直觉的感悟。其次，主客体关系的不同。"心物二元论"使西方审美体验的主客体往往处于分裂、对立的状态之中，"天人合一"是中国人传统的宇宙观、认识论。再次,实现形式的不同。中国人是在知、情、意三者的统一中追求某种智慧,所以重经验而不重理论,重情感而不重逻辑,西方人则是理智型思辨思维。最后,中国人的审美体验注重"无",讲究不可言说的,讲究虚实相生,讲究意境和含蓄,而西方人的审美体验则注重"有",是可以言语的,在对规律的认识中得到审美的愉悦。

审美体现在企业营销上,主要包括设计:色彩、音乐、品牌命名等方面。某些商品的主要功能不在于物质方面,而在于美化生活、陶冶性情、提高文化修养的需要。如书报、艺术欣赏等。在精神文化等领域有较高追求的消费者,往往宁可舍弃物质方面的享受,而对各种满足精神需要的产品或服务给予更多关注。不同的国家、民族、宗教、阶层和个人有不同的审美标准。消费者在市场上挑选购买商品的过程,实际上也是一次审美活动。消费者个人的审美活动表面上看起来属于个人行为,实质上反映了一个民族、一个时代、一个社会人们的审美观念和审美趋势。

(六)语言文字

语言文字是各文化要素中区别最明显的一个要素,它不仅与其他文化要素相联系,而且从一个方面反映了文化的类别和价值。中国人的文字起源于象形字,而许多西方国家的文字是用字母组合的,中国人说汉语,有些国家的语言是英语。

中国汉语有七大方言,使用最多的是北方方言,约 70% 的人使用它。方言既是地域文化特色的具体体现,又是实现地域文化区居民情感认同的符号,人们最自如地表达思想感情的语言都是方言。在广东,粤语广告使用比较多,研究发现,广东籍消费者大多对这类广告持正面、积极态度,而非广东籍消费者总体上对此持负面、消极的态度。

企业在做营销或国际营销中,一定要了解一个国家的文化状况,分析其社会文化环境,通晓该国的语言文字。每种语言文字都代表一种文化,一种历史传统,掌握一个国家和地区、民族的语言文字,是深刻理解其文化特色与内涵所必需的。

三、文化与消费者行为

社会文化对消费行为的影响是多方面的,具体来说,有直接影响和间接影响两种。从直接影响来看,社会文化规定人们的消费习惯,决定人们的消费需要的内容和满足消费需要的方式。人们吃什么、买什么、穿什么、用什么、怎样吃、怎样用,这些都要受到社会文化的影响,都要被社会文化所决定。社会文化以形成某种风俗习惯的方式来制约人类的这些行为。

从间接影响来看,社会文化通过调剂人们的生活方式、价值观念、审美情趣等,来影响人们的消费行为。在社会文化的作用下,人们会形成相应的生活方式、价值观念和审美情趣。而这些方面一旦确定下来之后,就会对人们的消费行为产生制约作用。

社会文化对人们消费行为的影响不是强制性的,而是以潜移默化的形式进行的。消费者从出生之日起,就开始接受社会文化的熏陶,父母的帮助、学校的教育、社会的宣传,以及个人在成长过程中所经历的一切,都属于文化教化。但是这种教化是无形的,它往往使消费者在不知不觉中接受社会文化所确立的准则。社会文化的教育作用只有在文化发生冲突时,才能被人们明显地感觉到。例如,身在异国他乡的人,不仅会发现语言不通、生活习惯不一样,还会发现生活方式、时间观念、价值观念也截然不同。这时,人们会强烈感觉到社会文化对人的影响。

社会文化给人们提供了行为的准则,但是人们在这些行为准则面前并不是完全盲从的,也不是固执不变的。社会文化能否对人的行为起绝对支配作用,还要看这种文化是否能满足人的需要,能否适应社会的发展。如果一种社会文化不能满足人的需要,人们就会修正这种文化,并创造出新的文化来代替它。

四、消费文化

(一)消费文化的含义

消费文化是指在一定的历史阶段中,人们在物质生产与精神生产、社会生活以及消费活动中所表现出来的消费理念、消费方式、消费行为和消费环境的总和。消费文化包括物质消费文化、精神消费文化和生态消费文化。它是社会文化一个极重要的组成部分,是人类在消费领域所创造的优秀成果的结晶,是社会文明的重要内容。政治制度、经济体制、经济发展水平,人们的价值观念、风俗习惯,居民的整体素质等都对消费文化有重要的影响。消费文化与消费主义是有根本区别的。消费主义是在西方国家曾经出现过的一种消费思潮,它极力追求炫耀性、奢侈性消费,追求无节制的物质享受。并以此作为生活的目的和人生的价值所在。这与消费文化恰好是背道而驰的,是反文化的东西,是"文化垃圾"。因此,尹世杰教授专门撰文指出:"要为消费文化正名,要弘扬消费文化、反对消费主义、要充分发挥消费文化的作用。"

（二）消费文化心理的发展

1.平均主义消费文化心理

物质生产的发展是人们消费的基础。不同的物质发展水平,导致不同的消费文化心理的形成。在原始社会,生产力水平低下,决定了人们共同劳动、平均分配劳动成果。在这个前提下形成了原始平均主义的消费文化心理。这种消费文化心理驱使人们把平均消费作为社会公认的价值尺度,甚至制度化。这种原始平均主义消费文化心理至今在一些民族中仍然存在。例如,我国西南地区的景颇族、基诺族、佤族等民族,所有土地都公有,人们按人口的多少平均分配土地,共同劳动,平均分配劳动成果。在家庭生活中也体现出这种平均消费的文化思想。傣族的家庭财产是按人均占有的,收入的粮食按人头分配,连出生几个月的小孩也和成人一样分到相同的份额。这些民族中原始平均消费文化存在于社会生活中的各个方面。在生产力水平低下的原始社会,平均消费文化心理对于维系社会的稳定和和谐起到了积极的作用。但当社会生产力进一步发展后,这种平均消费心理就会变成经济发展、社会进步的障碍。

2.奢侈消费文化心理

我国经历了几千年的封建社会,封建统治阶级为维护他们的统治地位,鼓吹"人命天定",使广大劳动人民听天由命、终年劳作,却难以维持温饱,而统治阶级则过着奢侈腐化的生活。这种风气沿袭下来,就形成了奢侈消费文化心理,演变成一种社会陋习,在部分地区部分人头脑中占有相当的地位,尤其是改革开放以来,一部分先富起来的人,在精神生活相对匮乏的情况下,大力鼓吹这样一种消费方式,在一定程度上败坏了社会风气。

3.节俭消费文化心理

勤劳俭朴是中华民族的传统美德,长期以来人们的生活水平相对低下,消费需求起点较低,消费观念习惯于向后看。持这种消费观念的消费文化心理表现是:有钱多用于储蓄,生活水平基本维持原有标准。当然,其中也不乏艰苦创业的典型,但其中大多数是自然以及社会环境的制约导致的意识守旧。

4.小康消费文化心理

随着我国经济体制改革的深入,社会经济发展出现了可喜的现象。家庭经济状况不断改善,消费市场日益活跃,人们的消费文化心理也从追求温饱型向小康型转变。在财力允许的情况下,尽量改善生活,改善消费,在这种心理的影响下,许多原来不敢想象的东西。例如,电话、汽车、出国旅游等都已进入平常百姓家。

5.享受性消费文化心理

享受性消费文化心理并不等同于奢侈消费文化心理,纵观世界各国消费文化心理的发展,无不与消费者经济社会地位、教育状况有着密切的关系。当今世界,发达国家人们的消费能力、消费水平远远高于发展中国家.其主要原因是发达国家的社会经济、物质文明和精神文明高度发达。这样便形成了一个庞大的中产阶级消费群体。这部分人消费需求起点高,消费文化心理表现为追求高雅健康的生活享受。这种消费心理的形成使传统的占有欲为核心的奢侈生活方式向以充实、丰富、美化、创造性的享受生活方式转变。

当代居民消费发展的趋势是智能化、健康化、个性化、世界化,这种消费发展的趋势也反映了消费文化的发展趋势。但消费文化不是简单地反映消费生活,反映消费的发展趋势,而是渗透于消费领域,渗透于人们的消费生活之中,渗透于消费主体、消费客体、消费环境之中,渗透于消费的各种方面,赋予它以文化的内涵,提高它的文化品位,从而提高消费质量。消费文化源于消费、高于消费。因此,必须用先进文化来引导消费生活,并渗透于消费领域的各个方面。端正消费生活发展的航向,唱响文化的主旋律,提高消费的层次与质量,从而体现人的本质要求,体现消费的客观趋势。因此,必须大力发展消费文化,充分发挥消费文化的导向作用。

五、文化对消费者心理与行为的影响

(一)文化的影响概述

文化是一种综合反映历史和现存的经济、政治和精神生活的社会关系,每个社会都有其特有的文化。从横向来看,各个国家由于历史、地理、民族及物质生活方式等方面的差异,也有着各自独特的文化,而特定的文化必然对该社会的每个成员产生直接或间接的影响,从而使社会成员在价值观念、生活方式、风俗习惯等方面带有该文化的深刻印迹。

1.文化对个人的影响

文化对个人的影响主要表现为文化给人们提供了看待事物、解决问题的基本观点、标准和方法,并使人们建立起是非标准和行为习惯。诸如在不同的场合应该做什么,不应该做什么,怎样做等。通常,社会结构越单一,文化对个人思想与行为的制约作用就越直接。

2.文化对群体的影响

由于现代社会结构的高度复杂化,文化对个人的约束趋于松散、间接,成为一种潜移默化的影响。文化对行为的约束称之为规范。社会规范以成文或不成文的形式通过各种途径如道德标准、制度规则、组织纪律、群体规范等作用于个人,规定和制约着人们的社会行为。一个人如果遵循了本文化的各种规范,就会受到社会的赞赏和鼓励;反之,就会受到否定或惩罚,包括温和的社会非难、歧视、谴责和极端的惩治手段等。

3.文化对消费活动的影响

主要表现在特定的文化环境下,消费者之间通过相互认同、模仿、感染、追随、从众等方式,形成共有的生活方式、消费习俗、消费观念、态度倾向、偏好禁忌等。

(二)中国民族文化对消费者心理与行为的影响

我国是一个历史悠久并富有民族传统的东方文明古国,又经历了特殊的发展过程,自然会有与西方文化有着较大差别的、独特的社会风貌。中国市场的消费者当然也会具有一些独特的民族心理特点和行为方式。

在我国的文化背景下,我国的民族心理特点在消费行为中有着较为明显的反应,主要表现在以下方面。

1.传统的家庭伦理观念

目前我国的家庭结构形式既有两口之家,又有两三代人的家庭,但传统的家庭结构形式仍然是主流形式。虽然现代的中国家庭已不同于旧的封建家庭,家庭成员间的关系也在发生着变化,新的、平等的、互敬互爱的关系已在逐渐代替封建家长式的长幼尊卑的关系,但传统的家庭伦理观念也部分地得到保留和巩固。在经济关系上,家庭中成员之间的依存关系比较明显,因此,中国的市场以家庭为单位的消费者较多,购买能力也是以家庭为单位计算的。个人的消费行为也往往与整个家庭紧密联系在一起,一个人不仅要考虑自己的需要,而且更多地要考虑到整个家庭的需要。如果说西方社会比较注重个人权利的话,那么,我国人民则更重视自己对于家庭的责任和义务。

2. 重人情和求同心理

中国社会几千年的文化积淀形成的各式各样的行为规范和传统礼仪习惯,为社会大多数人所共同遵循和认同。中国社会注重人与人之间的感情关系,在人际交往中,往往把人情视为首要因素,以维系人情作为行为方式的最高原则。因此,在生活方式上,受外界的影响较大,往往要向别人"看齐",这点在消费行为上反映得就更为明显。人们在生活方式上,特别是穿着打扮方面,大多数人很少脱离周围环境而单纯从个人的需要和爱好出发,常考虑社会的、风俗的标准,考虑能否被别人所接受和承认。人们对那些标新立异的行为往往不大习惯,这在人们的消费习惯上也有明显的反应,如喜欢大众化的商品等。

同时也应该看到,多年的改革开放和经济文化的迅速发展,也在日益冲击着人们的传统消费观念。一些旧的消费习惯也正被新的消费习惯所代替,在消费上敢于标新立异者也在日渐增多,特别是在青年人中,表现得就更为突出。

3. 朴素的民风和"节欲"心理

崇尚节俭是我国传统民风和民族意识的一个方面,节制个人欲望被视为美德。因此在消费方面,花钱比较慎重,善于精打细算,用于购置生活必需品方面较多,而用于享受方面的奢侈品相对较少,并追求商品的实用和耐用。

近年来,我国经济发展速度加快,人均收入不断增加,人民的购买力达到前所未有的水平。人们也不再满足于现状,而要求生活有更大的改善,并开始重视适当的享受。所谓"吃要营养,穿要漂亮,用要高档"成了消费者心理的新动向。

4. 讲究面子

"面子"是中国传统文化、传统价值观、人格特征、社会文化共同作用的综合体。爱面子是中国人典型的文化心理特征。正是由于中国的文化传统塑造了中国人爱面子的心理,所以中国人在人际交往中总是以对方给不给自己"面子"或给自己多少"面子"判断对方对自己的接纳程度,并对彼此的关系进行认知和评价;同时互动的对方为了促进彼此的关系,一方面为自己的自尊,另一方面也为给别人"面子",就戴上"面子"这一工具进行交往。而消费在某种程度上实现人们之间的交际功能,所以在消费中不能不讲"面子"。

5. 含蓄的民族性格和审美情趣

如果说西方民族的典型性格是外向、奔放,那么我国的民族性格则比较内向、含蓄。有人把这种性格特点形象地比喻为"暖水瓶"。表现在穿着方面的差别也比较明显,西方人喜欢选用色彩鲜亮的装束,而中国人则喜欢色调柔和、素雅而庄重的衣着……

六、亚文化与消费者行为

(一)亚文化概述

通常,一个国家或社会内部并不是整齐划一的,其中若干个社会成员会因民族、职业、地域等方面具有某些共同的特性,而组成一定的社会群体或集团。同属一个群体或集团的社会成员往往具有共同的价值观念、生活习俗和态度倾向,从而构成了该社会群体特有的文化,我们称之为亚文化。亚文化是文化的组成部分。亚文化在形成基础和历史积淀上与所属社会文化一脉相承,但在具体内容和表现形式上却因各种构成因素的差异而呈现出明显的独特性。由于每个社会成员都生存和归属于不同的群体或集团中,因此亚文化对人们心理与行为的影响就更为具体和直接,这一影响在消费行为中体现得尤为明显。

(二)亚文化消费者群体及其消费行为

1. 民族亚文化群体及其消费行为

民族亚文化是一个社会中各个民族所特有的文化。我国 56 个民族在参加社会整体生活的同时,有些仍保留着本民族的语言、文字、生活方式等。许多民族都有自己独特的偏好、禁忌、宗教信仰、图腾崇拜、消费习俗、审美意识及生活方式等。如朝鲜人喜欢吃狗肉、辣椒,喜欢穿色彩鲜艳的衣服,食物上多素食,群体感强,男子的地位比较突出;蒙古人饮奶茶,吃牛羊肉,喝马奶酒;回族人喜欢白色,信奉伊斯兰教,禁食猪、狗、驴、马等非反刍动物的肉、油、血等,朝拜是他们生活的重要内容,人们的生老病死有着较为严格的仪式与戒律。

民族亚文化的特点对消费行为的影响是直接的、巨大的。例如,回族人绝不会购买用猪肉做的各种食品;没有辣椒做调料的菜一般不会被朝鲜族顾客推崇;汉族人不喜欢喝的奶茶,蒙古人却认为是可口的饮品。这种由于亚文化影响而形成的消费习俗与行为,是很难改变的。近年来,随着经济的发展和现代生活方式的影响,我国少数民族也同汉族一样,在消费观念上发生着变化,比较乐于接受能够给人们生活带来舒适与享受的商品,如沙发、电子表、电视机等。

当然,民族亚文化和主文化并不是泾渭分明而是彼此交融的。中华民族的文化传统就是 56 个民族亚文化交融的结果。

2.地域亚文化群体及其消费行为

地域亚文化是因自然地理环境的影响而造成的,与气候条件和地理条件有关。我国是一个地域辽阔,人口众多,分布广泛的国家,文化差异较为明显,消费者的生活方式和消费习惯也因此而不同。

3.年龄亚文化群体及其消费行为

年龄亚文化是不同年龄段特有的文化。不同年龄的人往往分属于不同的群体,有着不同的价值观念和消费习惯。如青年亚文化群体容易接受新生事物,富于创造性和进取精神,他们追求新奇和时尚,追逐潮流,乐于尝试,易产生诱发性和冲动性购买。而老年亚文化群的价值观念已基本固定,他们不太容易接受新事物,一般遵循以往的消费习惯,对消费品多要求实用方便。

4.职业亚文化群体及其消费行为

职业亚文化是指不同的职业群体所特有的文化。各种专业性较强的职业都经过一些专门的训练,有专门的职业术语、职业道德、职业习惯等,不同的职业形成了不同的职业亚文化。隶属于不同职业亚文化的消费者有着不同的消费心理和行为,而且在装束、言谈举止、生活方式等方面也会有较明显的区别。

职业对消费心理与行为的影响是广泛的,各国心理学家、社会学家和经济学家都十分重视研究这个问题。他们不仅根据人们的职业来划分社会阶层、收入标准,而且特别注重由职业差别所产生的消费差别。比如,商界、政界男士喜欢穿着深色、庄重的西装;医生、护士及其家属很少穿红色用品等。

5.性别亚文化群体及其消费行为

长期以来,性别特征和角色的文化意义在不同社会制度下的理解是不同的。如美国把攻击、竞争、独立和自信视为传统的男性特征,而把八面玲珑、温柔和饶舌视为传统的女性特征;在角色方面,认为妇女是抚养孩子的家庭主妇,男子则是家庭的供养人。在中国,由于长期受封建的"男尊女卑"

的礼教约束,社会活动及人际交流中的角色几乎全由男人充当。随着"男女平等"的提倡和对传统礼教的冲击,当代中国的妇女已冲出了家庭圈子,走上了社会,肩负起操持家庭的生活消费和参与决策的重任。在消费行为方面,女子有着与男子不同的个性。研究主文化与亚文化有助于企业更好地了解消费者的文化背景,有效地进行市场细分,正确地选择目标市场,准确地进行市场定位,从而对特定的消费群体有针对性地制定营销策略。

第三节　社会阶层因素的影响

一、社会阶层的含义与特征

(一)社会阶层的含义

社会阶层是依据经济、政治、教育、文化等多种社会因素所划分的相对稳定的社会集团和同类人群。这里应当指出的是,社会阶层和社会阶级是两个不同的概念,但西方社会学通常对这两个概念不加以区别。

社会阶层有两种类型:一种类型是阶级内部的阶层,同一阶级的人在他们与特定生产资料的关系上是共同的,其根本利益和社会经济地位是一致的;另一种类型是阶级之外的阶层,它们与阶级形成交叉并列关系,划分这一类型阶层的客观依据是阶级之外的知识水平、劳动方式等社会因素的差异。

(二)社会阶层的特征

①同一阶层成员的行为比不同阶层的成员更为相似。无论何种类型的阶层,其内部成员都具有相近的经济利益、社会地位、价值观念、态度体系,从而有着相同或相近的消费需求和消费行为。

②人们根据他们所处的社会阶层而占有优劣不同的地位。马克思认为,一个人的社会地位由他对生产资料的占有情况决定。在阶级社会中,有产阶级占有较多的生产资料,可以以此获得较多的财富,进而维持较高的社会地位;而无产阶级由于不占有生产资料,只能依靠出卖自己的劳动维系生活,从而处于社会的较低层次。

③人们归属于某一社会阶层不是由单一参数变量决定的,而是由职业、收入、财产、教育程度、价值观、生活方式等多种因素综合决定的。

④人们所处的社会阶层不是固定不变的。在其生命历程中,人们可以由较低阶层晋升到较高阶层,也可能由较高阶层降至较低阶层。在现实社会中,这种变动的范围随其社会分层限度的大小而定。

二、社会阶层的划分

关于社会阶层的具体划分,目前常用的主要有两种方法:一种是综合指标法,即同时使用几种尺度的综合衡量方法;另一种是单一指标法,即只使用单一尺度衡量的方法。个人在社会中所处的地位或阶层受多种因素影响,所以,一般来说,使用综合指标划分社会阶层比单一指标精确度要高些。

(一)综合指标法

目前,西方学者在划分社会阶层时较为常用的有二因素、三因素、四因素,甚至更多因素的综合划分方法。

1. 二因素划分法

这种方法选取的是职业和教育两个因素。具体划分时,首先确定等级差别,即职业等级和教育等级;然后确定它们的权数,职业等级的权数为7,教育等级的权数为3;最后进行等级评分,从而确定其社会阶层。

2. 三因素划分法

此法通过综合住房、职业、收入三个主要因素划分主要阶层。划分时确定的权数如下:住房为6;职业为9;收入为5。

3. 多因素划分法

综合了四个主要因素(职业、收入来源、住房条件、居住地区),或者五个主要因素(另加收入数额),或者六个主要因素(再加教育)来划分社会阶层。实践证明,用四个、五个或六个主要因素划分的结果往往差别不大。

(二)单一指标法

利用单一指标划分社会阶层不如综合指标精确,但在研究消费者行为时,采用单一指标容易确定社会阶层与消费行为的相关关系,实际应用中也更为简便易行。较常用的单一指标主要有:收入、教育、职业等。

1. 收入

收入是划分社会阶层和地位最常用的传统指标。这是由于收入是维持一定生活方式的必要前提条件,收入的高低直接影响人们的消费态度、消费能力和消费水平,高阶层必然依赖于高收入。但仅以收入作为衡量社会阶层的基本指标也有其局限性,即收入并不能完全解释人们的生活态度和消费方式。

2.教育

教育作为单项指标,在划分社会阶层中有其特殊意义。一个人受教育的水平决定他的知识结构、文化层次、职业选择乃至收入水平。教育水平对消费者的影响在于:受教育程度不同的消费者会有不同的价值观念、审美标准、欣赏水平、兴趣爱好,从而在消费活动中表现出不同的品位和特点。一般来说,受教育程度高的消费者比较偏爱知识性较强的商品,且在选择商品的过程中喜欢并善于利用各种外界信息;而受教育程度较低的消费者则表现出相反的倾向。

3.职业

职业也经常被用作划分社会阶层的重要指标。职业是研究一个人所属社会阶层的最基本、最重要的线索。由于职业在一定程度上反映出一个人的知识层次、专业特长、收入水平,因此,根据所从事职业可以大体确定人们的生活方式和消费倾向。采用职业作为划分依据的困难在于对社会上的成千上万种职业进行分类并确定出等级并非易事。

中国社会科学院社会学研究所的一份有关当代中国社会阶层研究报告(2002年)提出中国社会的社会阶层由十大社会阶层和五大社会经济等级组成。十大社会阶层是:国家与社会管理阶层、经理阶层、私营企业主阶层、专业技术人员阶层、办事人员阶层、个体工商户阶层、商业服务人员阶层、产业工人阶层、农业劳动者阶层、城市无业、失业和半失业阶层。相对应的五大社会经济等级是:社会上层、中上层、中中层、中下层和底层。

三、社会阶层对消费者心理与行为的影响

社会阶层对消费者行为的影响,主要有以下几个方面。

(一)商店的选择

一般来说,每个消费者都愿意去逛高档豪华的商店,但大部分消费者在真正购买时,尤其是妇女,喜欢到符合自身社会地位的商店去购买。由此可见,对购买地点的选择,会表现出阶层性。

(二)对新产品的态度

对绝大多数消费者来说,对新产品基本上是持欢迎态度的,但下层消费者对新产品一般均持比较慎重的态度。

(三)对信息的利用和依赖程度存在不同

一般来说,高阶层的消费者大都受过良好的教育,他们可以借助读书、看报、翻阅杂志、上网等途径来获取有价值的商品信息;而低阶层的消费者,因受教育的程度较低,他们往往通过电视广告等途径来获取信息。

(四)所消费的产品不同

较高收入者能够购买高档家具、游艇及艺术珍品等,而低收入者只能购买一般的日常消费品。并且,如何将收入在不同商品间进行分配,高阶层也与低阶层的情况有所区别。

第四节　参照群体因素的影响

一、参照群体概述

(一)参照群体的概念

参照群体又称相关群体、榜样群体,是指一种实际存在的或想象存在的,可作为个体判断事物的依据或楷模的群体,它通常在个体形成观念、态度和信仰时对其产生重要影响。和从行为科学里借用的其他概念一样,参照群体的含义也在随着时代的变化而变化。参照群体最初是指与家庭、朋友等个体具有直接互动的群体,但现在它不仅包括具有互动基础的群体,而且也涵盖了与个体没有面对面接触但对个体行为产生影响的个人和群体。现实生活中,对消费者影响较大的参照群体是亲朋好友、单位同事,也可以是联系密切的某些社会团体,或较少接触但对之羡慕并愿意模仿的社会群体。

参照群体对个人的影响在于个人会把参照群体的标准、目标和规范作为行动指南,将自身的行为与群体进行对照,如果与群体标准不符或相悖,个人就会改变自己的行为。

（二）参照群体的功能与类型

1. 参照群体的功能

参照群体具有规范和比较两大功能：规范功能在于建立一定的行为标准并使个体遵从这一标准，如受父母的影响，子女在食品的营养标准、穿着打扮、购物地点等方面形成了某些观念和态度。个体在这些方面所受的影响对行为具有规范作用；比较功能是指个体把参照群体作为评价自己或别人的比较标准和出发点，如个体在布置、装修自己的住宅时，可能以邻居或仰慕者的家居布置作为参照和仿效对象。

2. 参照群体的类型

根据参照关系中的个体地位和对个体的影响程度，参照群体可分为会员群体、热望群体、拒绝群体、回避群体4种类型。

（1）会员群体

会员群体是指个体已经享有会员资格的群体。会员群体的成员一般对群体价值观持有肯定态度。研究表明，频繁接触的群体成员购买相同品牌的可能性更大，也就是说，有社会关系的人比没有社会关系的人具有更高的品牌一致度。另外一些研究表明，在消费生活中非正式群体比正式群体起着更大的作用，就是说非正式群体对其成员的品牌选择一致度的影响程度更大，其影响程度取决于群体的凝聚力大小。

（2）向往群体

向往群体是指热切地希望加入并追求心理认同的群体。向往群体根据接触程度可分为预期性的向往群体和象征性的向往群体。预期性的向往群体是指个体期望加入，并且在大部分情况下经常接触的群体。例如，大部分公司的职员把公司经理层理解为向往群体。因为在当前的市场经济环境下，人们把财富、名誉以及权力看作重要的社会象征。在高级服装、化妆品广告中强调社会成功感或荣誉感就是利用人们向往群体的心理。象征性的向往群体是指个体没有隶属于某一群体的可能性，但是接受所向往群体的价值观、态度及行为的群体。

（3）拒绝群体

在拒绝群体中，人们隶属于某一群体并经常面对面地接触，但是对群体的态度、价值观念和行为表示不满，倾向于采取与之相反的准则。例如，有些青少年对父母的过分"教育"感到厌倦，会采取与父母的"要求"相反的行动。

（4）回避群体

回避群体是指人们不愿意与之发生联系，并且没有面对面接触的群体。只要有可能，人们会尽力避开某些群体。例如，人们会在自己身上"点缀"一些能够与之划清界限的标志，如穿戴某种服饰，驾驶某种汽车，使用某种保健品或保洁产品，在某种饭店就餐等。又如，大部分人一般回避吸毒者、黑社会等回避群体的嗜好、行为。大部分消费者在肯定的动机下更容易产生信念或态度，所以企业做广告时一般更多地利用肯定的参照群体。因此，回避群体极少单独在广告上出现。

二、参照群体的心理作用机制

参照群体对消费者行为的影响是在一定心理机制的作用下发生的，具体作用形式包括以下方面。

（一）模仿

模仿是指个人受非控制的社会刺激引起的一种行为反应，这种行为反应能够再现他人特定的外部特征和行为方式。研究表明，消费者之所以发生模仿行为，是由于人的本能、先天倾向，以及社会生活中榜样影响的结果。在榜样的影响下，消费者不仅模仿到某种行为方式，而且会形成共同的心理倾向，从而表现出消费观念、兴趣偏好和态度倾向的一致性。

（二）提示

提示又称暗示，是在无对抗条件下，用含蓄间接的方式对人们的心理和行为产生影响，从而使人们按照一定的方式去行动，并使其思想、行为与提示者的意志相符合。影响提示作用的最主要因素是提示者的数目，只要众多提示者保持一致，就会形成一种强大的驱动力量，推动引导个人行为服从群体行为。

（三）情绪感染与循环反应

情绪感染是情绪反应最主要的机制之一，它的作用表现为一个循环过程。在这一过程中，别人的情绪会在个体心理上引起同样的情绪，而这种情绪又会加强他人的情绪，从而形成情绪感染的循环反应。群体行为即是循环反应的结果；循环反应强调群体内部成员之间的互动。因此，群体气氛、群体中的价值观念、行为规范等，都会直接影响每个成员的思想、态度和行为。

（四）行为感染与群体促进

通常,个人虽然已经形成某种固定的行为模式,但在群体条件下,由于群体规范和群体压力的作用,会使某些符合群体要求的个人行为得到表现和强化,而一些不符合群体要求的行为则受到否定和抑制。为了减少来自群体的心理压力,个人必须服从群体的要求,被群体所感染。

（五）认同

认同是一种感情的移入过程,是指个人在社会交往中,被他人同化或同化他人。任何群体都有被多数成员遵从的目标和价值追求,个人作为群体内部的成员之一,在与其他成员的互动交往中,会受到这一共同目标和认识的影响,从而产生认同感。认同感往往通过潜移默化的方式发生作用,使人们的认识和行为趋于一致。

三、参照群体对消费者心理与行为的影响

（一）参照群体的三种影响方式

1.信息影响

消费者不断地得到来自参照群体的一些消费信息,消费者会将这些信息作为重要的参考依据,最终影响其消费行为。被影响者与参照群体成员的相似性越强,施加影响的参照群体成员的专长性越强,则消费者受参照群体的信息影响程度就越大。

2.规范影响

有时消费者希望成为某一群体中的一员,因此必须接受群体对成员遵守规范的要求,此时参照群体的规范就会对消费者产生影响。参照群体能产生这种影响的前提是:参照群体能给予消费者某种奖赏或惩罚;参照群体的行为是明确可知的;消费者有得到奖赏或避免惩罚的愿望。因而,遵从参照群体的规范要求就成为被影响者的主动行为。

3.价值表现影响

每个参照群体都有一定的价值观和文化内涵。大多数消费者都希望在维持自我的同时被社会所认同,因而会按照一定群体的价值观和其他各种习惯、规范行事,从而实现社会认同的目标。只有当消费者认同群体的价值

观,并完全接受该群体的规范时,该群体才能对消费者产生这种影响。

(二)参照群体的影响程度

参照群体对消费者虽然具有重要影响,但不同消费者受参照群体影响的程度亦有很大差别。现实中,参照群体对消费者影响力的大小主要取决于消费者的自我形象、个性特征、选购商品的类型等因素。

1. 消费者的自我形象

每个消费者的内心深处都有自己设定的自我形象,其中既包括实际的自我形象,也包括理想的自我形象。实际生活中,每个参照群体都有其独特的价值观、行为准则与消费特征。当它们符合消费者的自我形象时,就会使消费者对该群体产生强烈的认同感,把其视为塑造自我形象的一个榜样群体;相反,如果这些参照群体的特征与消费者的自我形象相差甚远,则不会对消费者产生积极的影响,甚至会成为消费者想回避的群体。

2. 消费者的个性特征

消费者的个性不同,受参照群体的影响程度也显著不同。一般来说,自信心强、善于独立思考、做事有主见、具有较强分析判断能力的消费者,受参照群体的影响较小;相反,习惯依赖他人、做事缺乏主见、优柔寡断的消费者,往往受参照群体的影响较大。

3. 消费者选购商品的类型

国外有学者认为,参照群体对消费者选购不同类型商品的影响程度的差异可以从两方面说明:一方面是商品被别人认知的程度,即自己使用这种商品能否引起别人的重视,该品牌能否被别人识别,由此将商品分为大众性商品和私人化商品;另一方面,是消费者对商品的需求强度,由此将商品分为必需品和奢侈品。

第五节　家庭因素的影响

一、家庭的含义与结构

家庭是由两个或两个以上的成员,基于血缘、婚姻或收养关系而组成的一个社会生活单元。家庭具有多种功能,与消费心理行为密切相关的功能有:经济功能、情感交流功能、赡养与抚养功能、教育功能等。

家庭结构主要有:

1.核心家庭,即由夫妇或其中一方和未婚子女构成,这类家庭也称为两代人家庭。

2.复合式家庭,也称扩大型家庭,指由核心家庭和亲属(如父母、祖父母、岳父母等)所组成,一般是三代人或更多代人同堂的家庭。

3.丁克家庭,指只由一对夫妇所组成的家庭。

我国目前的家庭在结构上存在着地区上的差异性。一般来说,农村和内陆的家庭成员偏多,而城市和沿海地区的家庭成员较少。从社会经济文化发展的角度来看,我国家庭成员的数量呈现减少的趋势,具体来说,就是核心家庭和夫妻家庭的数量在增多,而复合式的家庭数量在减少。

二、家庭消费特点

家庭消费具有以下几个显著特点。

1.阶段性

每个家庭都有自身发生、发展、消亡的过程,即生命周期,在家庭生命周期的不同阶段,消费者的购买心理与购买行为有着明显的差异,表现出阶段性特点。

2.相对稳定性

很多家庭的收入是相对稳定的,日常消费支出和其他各项支出也相对均衡和稳定,相对来说,家庭的婚姻关系也是比较持久和稳定的,从而家庭的消费也相对稳定。

3.传承性

每个家庭都归属于一定的群体和社会阶层,具有特定的消费价值观念,并受到一定经济条件的制约,最终会形成每个家庭的消费特色、消费观念和消费习惯。这些具有家庭特色的消费观念和消费习惯,对家庭成员的日常消费心理和行为具有潜移默化的影响,表现出对下一代的传承性。

三、家庭的生命周期阶段

美国学者 P.C.格里克于1947年最早从人口学角度提出了家庭生命周期的概念。他还把一个家庭所经历的各个阶段作了划分,分别是形成、扩展、稳定、收缩、空巢、解体六个阶段。标志每一阶段的起始与结束的人口事件如下：

1. 形成阶段。由结婚到第一个孩子的出生。
2. 扩展阶段。由第一个孩子的出生到最后一个孩子的出生。
3. 稳定阶段。由最后一个孩子的出生到第一个孩子离开父母家。
4. 收缩阶段。由第一个孩子离开父母家到最后一个孩子离开父母家。
5. 空巢阶段。由最后一个孩子离开父母家到配偶一方死亡。
6. 解体阶段。由配偶一方死亡到配偶另一方死亡。

故家庭生命周期是指绝大多数家庭必经的历程，是描述从单身到结婚（创建基本的家庭单位），到家庭的扩展（增添孩子），再到家庭的收缩（孩子长大分开独立生活），直到家庭解散（配偶中的一方去世）的家庭发展过程的社会学概念。

家庭生命周期是一个综合性的变量，它通常由诸如婚姻状况、家庭规模、家庭成员的年龄（特别是年幼或年长孩子的年龄）以及户主的职业地位等人口统计变量共同决定。父母的年龄和相对的可支配收入通常也可以根据一个家庭所处的生命周期阶段推断出来。尽管不同的研究人员划分的家庭生命周期阶段不尽相同，但许多家庭生命周期模型都可以综合成 5 个基本阶段，即单身阶段、新婚阶段、满巢阶段、空巢阶段和解体阶段。不同生命周期阶段的消费者在购买行为上会产生差异。

1. 单身阶段由年轻的离开父母独立生活的单身成人所构成。处于这一阶段的部分成员属于有全职的工作的年轻人，部分属于离开父母住所的在校大学生。随着结婚年龄的推迟，这一群体的数量在逐渐增加。这些单身成人倾向于将其收入花费在房租、基本的家用器具、旅行和娱乐以及服装和饰品等方面。因为没有什么经济负担，单身阶段的消费者经常有足够的可支配收入放纵自己。许多产品或服务的目标市场就是这个群体。

2. 新婚阶段始于新婚夫妇正式组建家庭，止于他们的第一个孩子出生（在我国因为计划生育政策，很多家庭就只会有一个孩子）。在这一阶段，夫妻双方都需要做出调整以适应他们婚后的生活。由于许多年轻的夫妇双方都有工作，他们的共同收入往往允许他们去寻求一种愉快的生活方式。因为刚组建新的家庭，他们会有大量的购买活动。大小家电、起居室和卧室家具、床上用品、地毯、装饰品、厨具、碗碟等，都是他们的购买对象。这类家庭大部分拥有双份收入，相对于其他群体较为富裕。他们是剧院门票、昂贵服装、高档家具、餐馆饮食、奢侈度假等产品和服务的重要市场。

3. 满巢阶段指从第一个孩子出生，到所有孩子长大成人和离开父母。这一阶段持续时间较长，一般会超过 20 年，所以会进一步表现出阶段性特点。

第一个孩子的出生常常会给家庭生活方式和消费方式带来很多变化。例如,处在这一阶段的家庭需要购买婴儿食品、婴儿服装、玩具等很多与小孩有关的产品。同时,在度假、用餐和家居布置等方面也要考虑小孩的需要。此外,如果妻子停止工作在家哺乳和照看小孩,家庭的收入则会随之减少。如果请祖父母或外祖父母照看孙子、孙女,或者请保姆打理家务,由于住户成员的增加,在生活起居、家庭购买等方面也会发生一定变化。当孩子进入小学或中学阶段,中国的家庭基本上还是以孩子为中心,家庭不仅要为孩子准备衣、食、住、行等方面的各种物品,而且还要带孩子参加各种音乐班、学习班,购置诸如钢琴、小提琴之类的乐器。随着孩子陆续长大,有的已经开始有工作,家庭的经济压力相对减轻,家庭经济状况好转,往往会更新一些耐用消费品,购买一些新潮的家具,在健康、旅游、外出用餐等方面的花费也会增加。

4.空巢阶段始于小孩不再依赖父母,也不与父母同住,这一阶段持续的时间也比较长,这一阶段可能是已婚夫妇在财政上最宽裕的时期。与过去相比,现今处于空巢期的夫妇一般享有更多的闲暇时间。他们更频繁地旅行,度更长的假期,还可能在气候温暖的地区购买他们的第二处住所。由于储蓄和投资,也由于花费减少(不再需要返还贷款本息和支付子女的学费),他们拥有较高的可支配收入。所以,处于空巢阶段的家庭是奢侈品、新车、昂贵家具以及远距离度假等产品或服务的一个重要市场。

5.解体阶段,当夫妻中的一方过世,家庭便进入解体阶段。如果在世的一方身体尚好,有工作或有足够的储蓄,并有朋友和亲戚的支持和关照,家庭生活的调整就比较容易。由于收入来源减少,此时在世的一方,过上了一种更加节俭的生活。他们中的许多人开始从家庭之外寻求朋友关系;或者开始第二次(甚至第三次、第四次)婚姻。处于这一阶段的家庭会有一些特殊的需要,如更多的社会关爱和照看。

四、家庭角色与购买决策

(一)家庭成员在消费中的角色

每个消费者在家庭消费中分别扮演着不同的角色。研究表明,在购买决策过程中,每一个家庭成员都可以扮演各种不同的角色:发起者、影响者、决策者、购买者、使用者。

（二）家庭购买决策角色的类型

家庭成员在家庭中的地位不同，对购买决策的作用也不同。一般来说，家庭成员在购买与其角色相关的商品上，更容易做出自己的决策。例如，对玩具有兴趣是由孩子引起的，购买洗衣机则可能是由家务劳动的主要承担者提出的，买高档商品的一般是家里掌管财政的人决定的。

家庭购买决策角色一般有以下几种类型。

1.丈夫决策型

家庭的主要购买决策由丈夫做出。这种家庭的特点是旧的传统观念较强，文化水平较低，家庭的主要经济来源以丈夫为主。在我国广大农村地区及不发达地区，这种模式仍是家庭决策的主要形式。因此，男性的购买心理与行为在很大程度上代表了家庭的购买行为。同时，还有另一类丈夫决策型家庭，即丈夫的生活能力大大高于妻子，有较高的持家购物能力。

2.妻子决策型

家庭的主要购买决策由妻子做出。这种类型的家庭成因复杂：一类是丈夫忙于工作和事业；另一类是家庭收入很高，消费支出的决策已不再成为家庭生活的主要话题，生活内容才是家庭成员关心的对象；还有一类是妻子独立生活、购物、理家能力大大超过丈夫。前两类妻子决策型家庭在购买行为上比较随意，并且机动性较大，是产品销售中较易吸引的对象；而后者则往往是市场上的挑剔购买者。

3.民主决策型

这类决策由家庭成员主要是夫妻双方共同协商做出。这种家庭的主要特点是：夫妻双方关系融洽，有良好的教育基础，思想较为开放，家庭中有良好的沟通环境。这类家庭的购买决策往往较为慎重而全面，购买中的理智性特征较为明显，冲动性较少。

4.夫妻自主决策型

构成家庭的夫妻双方在经济上相对独立，各自都能自主地做出决策而对方也不过多干预。这种类型多属开放型家庭，一般在经济收入较宽余，层次较高的家庭中较为常见。这类消费者在购买中的自主性和随意性都较强，因为其购买行为既不受经济收入的限制，也不受家庭成员的约束。

(三)影响家庭购买决策的因素

家庭购买决策究竟采取哪一种方式,一般来说要受到以下几种因素的影响。

1.家庭购买力

一般来说,家庭购买力越强,共同决策的观念越淡漠,一个成员的决策更容易为家庭其他成员所接受;反之,购买力弱的家庭,其购买决策往往由家庭成员共同参与制定。

2.家庭的民主气氛和家庭分工

民主气氛浓厚的家庭,家庭成员经常共同参与决策;相反,在专制的家庭中,通常是父母或他们中的一个做主。

3.所购买商品的重要性

一般来说,在购买价值较低的生活用品时,不必进行家庭决策;但购买高档耐用品及对全家具有重要意义的商品时,多数情况是由家庭成员共同协商决策。

4.购买时间

购买时间越急促,越可能由一个人做出决策,而全家共同商定决策,通常要花费较长时间。

5.可觉察风险

通常情况下,在购买那些家人比较陌生、缺乏足够市场信息、没有充分把握的商品时,由于所觉察到的购买风险较大,家庭成员共同决策的情况较多。

6.其他因素

文化知识水平、销售场所距离、家庭成员个性等,也会对家庭决策有一定的影响。

五、家庭权力结构

家庭权力结构主要说明哪一个成员在家庭消费决策中居主导地位。在传统家庭中,丈夫在家庭消费决策中居主导地位,而妻子与子女则处于附属地位。但近年来,女性在家庭中的地位日益上升,平等成为家庭消费决策中的一种主要模式。当前,根据在家庭消费决策中谁占主导地位,可将夫妻的权力结构分为以下几种类型。

1. 独立支配型:夫妻双方都能为自己的购物做出决策。
2. 丈夫权威型:即丈夫在家庭购买决策中居主导地位。
3. 妻子权威型:即妻子在家庭购买决策中居主导地位。
4. 共同决策型:即夫妻双方通过民主协商来决定购物。

一个丈夫权威型的家庭,消费决策会带有男性的色彩,比如对家电、机械用品等商品,丈夫在购买中的作用相当明显。在妻子权威型的家庭,对于购买化妆品、服装、家庭室内装饰品等商品,妻子的作用会明显重要得多。而在共同决策的家庭中,购买决策的分工不会很明确,以两方相互商量、相互参谋的决策形式为主。家庭购买权力结构的形成一般受到家庭购买力、家庭的民主气氛、所购买商品重要性、购买时间和可觉察风险等因素的影响。

六、影响家庭消费行为的因素

(一)家庭收入水平

家庭收入水平包括两个方面:一是家庭的实际收入水平,即某阶段家庭收入情况,它具体影响一个家庭实际的生活水平;二是家庭的预期收入,即家庭未来可能获取的收入,家庭对未来收入水平所持的不同态度切实地影响着一个家庭目前的消费行为。如持乐观态度的家庭可能对某些高档商品提前购买,而持悲观态度的家庭则可能延迟一些商品的购买。

(二)家庭规模

家庭规模对消费行为的影响体现在以下两个方面:一是就业人数多的家庭,总收入水平就高;而在总收入水平一定的条件下,家庭规模越大,人均收入水平越低。二是家庭规模的大小直接影响家庭对一些商品需求的数量。如规模大的家庭对生活必需品的需要自然就多。

(三)家庭结构

家庭结构的不同使家庭消费需求结构出现差异。如在夫妻型家庭中,年轻的夫妻型家庭因为两人都工作,没有经济负担,购买力比较强,所以,这种家庭对现代生活潮流比较感兴趣,喜欢购买市场上的各种新产品;而年老的夫妻型家庭在消费观念上比较保守,比较重视传统的消费方式和习惯,对那些物美价廉、经久耐用的商品感兴趣。

(四)家庭生命周期阶段

在不同的家庭生命周期阶段,家庭的消费心理与行为也是不同的。单身阶段、新婚阶段、满巢阶段、空巢阶段和解体阶段家庭的消费的主要支出是有很大区别的。在满巢阶段,反映在消费活动上,家庭生活的购买不再取决于单身阶段的个人兴趣,家庭基本上日常生活的消费活动都围绕着孩子转。在空巢阶段是家庭经济状况最好的时期,父母的收入比较多,又没有家庭负担,家庭建设也基本完成,此时开始注重生活品质的提高。

第六章　营业场景与消费者心理及其购买行为

第一节　营业环境概述

一、营业环境的含义

营业环境又称购物环境,是购买行为发生的主要场所。

人们所消费的商品主要分有形实物商品和无形的劳务性服务商品,购物环境因此也分为两大类。

(一)提供实物商品的商业营业场所

这类营业场所一般具有固定的地点,如百货商场、超级市场、仓储式商场等。但随着互联网技术的发展及现代物流配送系统的完善,非固定场所经营实物商品的网上营业环境也在蓬勃发展。

(二)提供劳务服务的营业环境

例如,旅游、饭店、休闲、文化艺术等消费中的特殊营业环境,这一类营业环境可能拥有相对固定的场所,如音乐厅、饭店、旅游景点等,也可能没有相对固定的场所,如信息咨询服务、家政服务等。

二、营业环境的作用

营业环境是消费者认知商品、选择商品、决定购买、接受服务人员服务和推销人员劝导的重要场所。对于劳务服务性商品而言,营业环境是消费者体验消费价值的地点。

消费者进入营业环境时,一般会注意到营业环境的外部特征,进入营业环境后,观察营业环境的内部情况,浏览他们感兴趣的事物;有购买需要的消费者开始寻找、选择商品,或与销售人员进行接触,以获取相关的信息;有些消费者还希望销售人员帮助他们做出选择。由此,消费者的购买行为已经开始了。

在营业环境中,消费者只有实施并完成购买行为,商品从经营者转移到消费者手中,其使用价值才能得以发挥,企业的经营目的才能实现;否则,商品价值和企业的价值都不能实现。消费者在营业环境中的行为与结果,是决定企业经营是否成功的关键。

受营业环境种种因素的影响,消费者的心理及其购买行为可能随之改变。有些因素对消费者的影响作用大一些,有些因素的影响作用小一些,有些因素对消费者购买行为起积极的促进作用,而有些因素会起消极的阻碍作用。所以,营业环境的质量与形象会改变消费者的态度,并进一步影响消费者购买后的评价。

第二节　营业场所外部环境与消费心理及购买行为

一、商店选址与消费心理

(一)区域与选址心理

1. 商场集聚心理

经营单位所处的地段,首先应考虑人口、地理环境、地段因素,并应考虑顾客的心理特点。商业经营中具有明显的"马太效应",即当消费者在一处营销环境购买商品或消费时,他们可能同时会在附近的营业场所游览、观光或消费,并可能产生新的购买行为。人类属于群居动物,很多人有从众心理,人越多,认为商品越吸引人,认为商品越好,购买兴趣越高。但营销环境形成马太效应的条件,一般是这些经营单位的地理位置接近、营业性质比较接近或者相互兼容,消费者才有可能在这个营业圈内保持持续消费的动机。所以,人口密集,商家集群,是设置营销单位的理想区域。

2.购买便捷心理

购买便捷主要取决于交通条件。交通条件无疑是影响营销环境最重要的外部因素,交通条件越方便,消费者购物越方便;交通条件越差,消费者购物的难度越大。当前,很多经营单位已为购买大件商品的顾客提供免费送货上门服务,但是经营单位要为所有的顾客解决商品运输问题较为困难。所以选址要选择交通比较便捷、进出道路比较畅通、商品运输安全省时,主要顾客购买路程不远或乘坐公共交通站数不多且不必换乘的地方。

3.最佳地段心理

在一条商业街,不是每家商店的人流都一样,其两端购物的人要明显少于其他地段,存在着 1/3 黄金分割效应、龙口效应、十字街效应。如上海南京路上的第一百货商店生意兴隆、享誉全国,云集了来自各地的游客。从外滩到静安寺的十里南京路中段,它正好处在 1/3 距离处,接近黄金分割。有人从顾客心理角度分析。认为人们从外滩到达此地,购物的欲望恰好达到了最高点。

(二)商店与选址心理

商店所处的位置,应考虑商品的性质、品质、顾客的消费能力与习惯等,进行顾客群定位、价格定位。

1.商品性质与消费心理

商品性质与人们的消费心理密切相关,选址应充分考虑这一点。日常用品、高档用品应区别。前者应在居民区中间位置,以方便顾客日常购物消费的需要;后者定位于高档商业区,以适应顾客购买高档物品时对商场档次、商场信誉、外部环境的心理需求。

2.商品价格与消费心理

商品价格的高低与其顾客的消费品位、消费水平有直接的联系,应根据顾客对商品价格的需求心理选择店址。高档文化艺术类商品、豪华生活消费品的商场应开设在高收入顾客群生活地段或商业街。

3.消费习俗与消费心理

不同地区、不同民族的人们消费习惯各不相同。商场选址要根据商品的特性,考虑人们消费习俗的不同,因人、因地而异。如北方毛皮商店兴盛,南方则不宜开设;西部地区的贵州、四川、重庆等地广设麻辣口味的餐馆,而在其他地区则不宜多设。

(三)商场类型与选址心理

1.业态分布与消费心理

业态是服务于某一顾客群或某种顾客需求的销售经营形态,是目标市场进一步细分的结果,必须依据顾客对不同业态的需求心理来选择店址,标准食品超市应贴近居民区,以居民区的常住居民为主要顾客群,并与大型超市保持一定的距离,最好选址离大型超市 5km 以外,这一距离可使自己处于对手边际商业圈以外;仓储式会员店应优先考虑交通方便,不必以靠近居民区为第一选择目标,因为它可以以低价吸引顾客。

2.竞争环境与消费心理

商场周围竞争环境是影响顾客心理的重要因素,是商场选址心理的重要组成部分。商场选址要考虑业种、业态分布,或与其周围的其他商品类型相协调,或能起到互补作用,或有鲜明特色,同类小型专业化商家接壤设店,可形成特色街,吸引人气。这可以满足顾客到特定商业街购物时持有的特定心理预期。

3.配套场所与消费心理

顾客在商场购物中要求获得配套服务,因此商场在选址中要同时考虑配套场所。比如,仓储式会员店一般停车场面积与营业面积之比为 1∶1,以方便频繁的进货与顾客大批量采购后的用车停放;以低廉价格销售商品的大卖场可设在市郊结合部,以便配备与营业面积相适应的宽敞的停车场的同时,享受较低的地价。

二、营业场所的建筑影响

营业场所的建筑是企业的营销要素之一,是企业进行营销活动不可缺少的物质设施条件。建筑,主要是指商业企业营销场所,包括出售商品和对顾客进行服务的营业场所;保管商品和进行出售前准备工作的辅助场所;企业行政管理人员执行管理职能的行政办公场所,以及职工的活动场所等。

营业场所的建筑如何,直接关系商品实体运动的畅通和效率,也直接关系商品使用价值的保持状况是否完好无损,更关系消费者是否愿意经常惠顾。对营业场所的建筑进行科学决策和合理使用,对于美化环境,改善营销人员的劳动条件,提高劳动效率,加快商品出售过程,提高服务质量,吸引更多的消费者前来购买,提高企业营销效益,有着十分重要的作用。商店建筑的基本要求是:适用、坚固、经济、美观。

(一)适用

适用是指营业场所的建筑和设计应最大限度地满足为广大消费者服务的需要。一个营业场所的建筑和设计,从采光到通风都必须适应最合理布置营业现场的要求,这样,既便于消费者参观和选购商品,又可为职工创造良好的劳动环境。当然,在不同的经济发展水平的条件下,不同规模的营业场所建筑和设计的适用标准有所不同,各种类型营业场所在建筑和设计上也存在着较大的差异。

(二)坚固

坚固和适用是一致的。因为营业场所的建筑和设计如果不坚固,就达不到适用的要求,而坚固的标准是按照适用的要求来确定的。所以,坚固是适用的一个不可分割的方面,与适用是密切联系的。

(三)经济

营业场所的建筑和设计,还必须符合经济原则。经济,是指在建筑和设计中花钱要少,收到的效果要大。当然,不同类型营业场所的建筑和设计,应该有不同的建筑标准和设计的规格,对经济合理的要求也不相同。

(四)美观

在适用、坚固、经济的条件下,营业场所的建筑和设计还要美观。营业场所的建筑和设计比一般建筑物更要注意美观。因为一个营业场所的外观造型、建筑形象、各个部分是否保持一定的比例、是否均衡对称、色彩是否协调等等,都会给消费者以不同的感觉。一座好的建筑会给人们以美的、协调的、生气蓬勃的感觉,从而能在消费者心中产生一种好的印象,吸引消费者前来购买,有利于扩大销售。同时,营业场所建筑设计的美观与否,不仅直接反映国家基本建设、建筑业的发展水平、市政建设水平,而且也反映人民的生活面貌和精神面貌。

三、营业场所的门面装潢

门面装饰就像人的脸一样重要,美好的面孔使人越看越喜欢。门联和招牌是加强消费者对营业场所印象的主要门面装饰。

（一）门联

我国的商业门面装饰自古以来就有悠久的历史，常常利用精练的对联作门面装饰，以给消费者美好的第一印象。"客上天然居，居然天上客"，"天然居"是北京海淀区的一个餐馆，对联的上句较为通俗易懂，而对联的下句用了一个极有震撼性的回文句式，把上一句的每一个字从尾向头倒过来，"居然天上客"充分体现了对用餐客人的尊敬。

（二）招牌

招牌是经营单位的名称及相应的装潢广告牌子。同一条街上，经营同一类商品的商店有很多，一般顾客是不记门牌号码的，但设计独特的商店标识与门面、橱窗摆放、广告宣传都能给消费者留下深刻的印象。

对招牌来说首要的问题是命名。其实商店招牌的命名和商品命名在某些地方具有类似的地方。主要要做到以下几点。

1. 要鲜明、醒目和言简意赅，便于顾客识记

这里要避免字数过多、读起来拗口、名称意义费解、怪僻俗气。字迹醒目、规范，颜色对比突出。晚上可安装霓虹灯或灯箱，并迎向"人流"方向。

2. 要突出主营业务

有的酒店招牌上除企业名称外，把经营项目列出许多。其实顾客并不在意那些繁杂的项目，反而认为这是宣传广告手段，其结果是：酒店的特色和主营项目被淡化了。

3. 名称要有行业特点，且寓意祥和温馨

如武汉的"福庆和酒楼"、"祁万顺酒楼"、北京的"全聚德"、沈阳经营川菜的"荣乐园"、经营东北菜的"鹿鸣春"等。有的名称还体现企业经营风格，如武汉曾经有家饭馆起名为"好再来餐馆"，此名即表现店主的自信，又委婉地表达了对顾客的邀请之情。好的名称既可给顾客留下深刻的印象，也能调动顾客美好的情感。现在还有一种倾向，新式酒店多起洋名，如"拉斯维加斯""波顿"等。虽然它们适应部分顾客求新奇心理，但如果过滥，甚至出现"拿破仑酒店""罗浮宫酒店"，则有媚"洋俗"之感。

四、零售业态的心理影响

商店是消费者购买商品和服务的主要场所。虽然现代商品销售形式日

趋多元化,但店铺经营由于具有现场选择、综合服务、功能齐全、能满足消费者多方面需要等优势,因而在各种销售方式中仍占据重要地位,至今仍是消费者购买的主要渠道。因此,商店环境对消费者心理与行为的影响在购物环境的影响中起着主要作用。

现代零售企业类型众多,按经营商品的种类,可以分为综合商店、专卖店;按经营方式可以分为百货商场、超级市场、连锁商店、仓储式商店、便利商店;按经营商品及购物环境的档次可以分为综合商场、高档精品店、中低档大众商店;等等。

不同业态的零售商店以其不同的特点满足了消费者不同的需要,从而对消费者心理及其购买行为产生不同的影响。现代消费者的需要复杂多样,对商店类型的要求和选择也呈现出不同的心理趋向。

(一)大型百货商场

大型百货商场一般选址于繁华商业中心,商店规模大,营业面积大多在5000平方米以上,采取柜台销售与自选(开架)销售相结合的方式。大型百货商场经营门类广泛,品种齐全,商场设施一流,服务周到,拥有良好信誉,具有较强的综合功能,可以满足消费者的求全心理、选择心理、安全心理及享受心理等多方面的心理需要,同时适应各种职业、收入、社会阶层消费者的心理特性,因而对大多数消费者具有较大吸引力,是消费者集中选购多种商品,了解商品信息,享受购物乐趣的主要场所。

(二)专卖店

专卖店是指以专门经营某一品牌或某一大类商品为主,配有丰富专业知识的销售人员和适当的售后服务,满足消费者对某大类商品选择需求的零售业态。具体类型有品牌专营的专卖店,如"耐克"专卖店、"皮尔·卡丹"专卖店等;以产品为经营特色的专卖店,如眼镜专卖店、皮鞋专卖店、饰品专卖店等。专卖店因其专业化程度高而见长,能更好地满足消费者对某种特定商品的深层需要,因而在选购单一商品(如汽车、电器、钟表、体育用品等)时,经常成为消费者首先选择的商店类型。

近年来,专卖店正迅速发展为零售业的一种主要业态,尤其是品牌专卖店,与超市一起成为我国近年零售业态发展中的重要趋势。品牌专卖店之所以被消费者认同,主要是基于以下几种消费心理。

①专卖店中同一品牌的商品门类齐全,购买方便,并且有完善的售后服务。

②专卖店中的商品正宗,杜绝了假冒伪劣,使消费者购买时有安全感。

③品牌专卖店,特别是一些高档品牌专卖店,其出售的商品及店内的环境本身就显示了一种消费层次,可以满足消费者自我定位和社会形象认同的需要。

(三)超级市场

超级市场指采取自选的销售方式,以销售食品、生鲜食品、副食品和生活用品为主,满足顾客每日生活需求的零售业态。其主要特点如下。

1.购物便利

超级市场以食品和日用消费品等消费者最常购买的种类为主,且商品种类齐全,满足了消费者一次性购物的需要,方便了消费者的日常购物;而且其选择的便利性更大大节省了消费者的购物时间,适应了现代社会快节奏的生活方式。据一项调查表明,在超级市场购物比到其他业态的店铺购物节省近30%的时间。

2.环境舒适

超级市场采用开架式销售,顾客自己挑选商品的经营形式,为消费者提供了更多自由、宽松的购物环境,减轻了像柜台式销售的购物压力,使购物成了一种享受。

3.为消费者提供自我满足感

超级市场采取消费者自选商品的方式,使其更多地参与购买过程,为消费者提供了较多体现自身能力的机会,满足消费者在购买过程中的参与感,以及发挥其主动性、创造性的心理需要。同时,超级市场采取的开架式销售,减少了顾客与售货人员产生人际摩擦的可能性,改善了商家与消费者之间的关系。

(四)连锁商店

连锁商店是零售企业扩张的一种重要形式,因其具有统一经营方式、统一品种、统一价格、统一服务、统一标识、分布广泛、接近消费者等特点,而在众多商店类型中独具特色,受到消费者的青睐。在连锁商店购物,可以使消费者消除风险防御心理,减少比较选择的时间,缩短购买过程。尤其是一些连锁快餐店、便利店(如麦当劳、肯德基、永和等),以其方便、快捷、舒适、便于识别等优势,充分适应了现代消费者求快、求便的心理需要。

(五)仓储式销售

仓储式销售是指将零售、批发和仓储各个环节合而为一的经营方式。其特点是批量销售、价格低廉,一反传统销售方式,采用小批量的形式,如成盒、成打地出售商品,因而可以最大限度地节约仓储、包装、运输等流通费用,进而大幅度降低商品的零售价格。所以,尽管这类商场环境设计简单,服务设施较少,但因价格低廉的突出优势,迎合了中低收入阶层求廉、求实的心理需要,因此对多数消费者有强大的吸引力。

五、商店招牌、标志与消费者心理感受

(一)招牌与消费者心理

招牌是将商店的名字陈列展示于店门外,用以识别商店、招揽生意的牌号。设计精美、具有高度概括力和吸引力的商店招牌,不仅便于消费者识别,而且可以形成鲜明的视觉刺激,对消费者的购买心理产生重要影响。

随着市场经济的发展,流通领域企业的品牌与商品品牌一样,具有越来越重要的地位和作用。一个深受消费者信赖的商店品牌相当于对消费者做出的一种承诺,使消费者在购物时有安全感、信赖感。消费者在购物时通常会选择具有一定知名度和美誉度的商场,以求减少购物风险。

在商店招牌的陈列与展示的设计上,可以从以下两点来考虑。

1. 招牌命名的心理要求

招牌的首要问题是命名。好的商店名称便于消费者识别、注意、易记,要适应和满足消费者方便、信赖、好奇、慕名、吉利等心理需要,以便吸引众多的消费者。

2. 招牌的艺术表现形式

确定了招牌的命名之后,还必须配以良好的艺术表现形式。表现形式较之命名给消费者的视觉冲击更为强烈,因而是招牌设计中不可忽视的重要内容。

(二)标志的心理作用

所谓标志,是以独特造型的物体或特殊设计的色彩附设于商店的建筑上而形成的一种识别载体。在现代商店外观设计中,标志具有多方面的心理作用。

1. 标志是一家商店与其他商店的区别所在

标志通常由于其设计独特,个性鲜明,为一家商店或企业所独有,因而成为商店的主要识别物。消费者仅从标志上即可对各种商店加以辨认和区别。尤其在由多家商店组成的连锁经营方式中,标志更成为连锁组织的统一代表物。

2. 标志是商店或企业形象的象征

标志往往蕴涵着丰富的内涵,是企业或商店经营宗旨、企业精神、经营特色、代表色等理念与识别形象的高度浓缩和象征。通过标志的视觉刺激,可以向消费者传递有关企业理念的多方面信息,使消费者获得对该企业或商店形象的初步了解,并留下深刻印象。

3. 标志具有广告宣传功能

标志如同招牌、橱窗等外观要素一样,还具有重要的广告宣传功能。它通过不间断地强化消费者的视觉感受,以引起过往及一定空间范围内众多消费者的注意和记忆,从而成为招揽顾客的有效宣传手段。

(三)标志的设计要求

1. 独特

避免相似或雷同是标志设计的最基本要求。独具特色、别具一格的标志可以将本企业与其他同类企业明显区别开来,使消费者形成正确而清晰的企业认知。

2. 统一

不言而喻,连锁店或企业集团内各个分店或分支机构的标志必须是统一的。不仅如此,标志的字体、造型、色彩等还应与企业的形象识别系统(CIS)相统一。不仅要与其中的视觉识别系统(CI)如标准色、标准字等保持一致,而且应尽可能体现理念(VI)及行为识别系统(BI)的内涵与要求,以使消费者从标志中感知到企业或商店的整体形象。

3. 鲜明

标志的色彩应力求鲜明,以便形成强烈的视觉冲击效果,给消费者留下深刻印象。

4.醒目

标志在形状大小和位置设计上还应做到醒目突出,能够为消费者迅速觉察。

(四)橱窗设计策略

1.唤起注意,促发兴趣

消费者在繁华的商业大街上漫步时,目光常常是游移不定的。有的人根据自己的购买目标选购商店,有些人则常常是没有明确的目标的。店门、招牌、橱窗都在他们的视觉范围内,橱窗一般是最先引起注意的。大多数消费者观看橱窗的目的,往往就是为了观察、了解和评价橱窗里的陈列商品,为选购商品收集信息,以便易于做出购买决定。

商店橱窗设计中最应注意的问题,就是要突出商店所经营的商品的个性,把个性商品的主要优良品质或特征清晰地展示给消费者,给以选购的方便感。通常在橱窗里展示的商品都应是名牌商品、拳头商品,或是市场上抢手的紧俏货,或是刚上市的新产品。这样才能真正吸引众多的顾客,激发消费者的购买欲望。

2.暗示消费者购买商品

暗示是指用含蓄间接的方法对人们的心理和行为产生影响。橱窗陈列还起着暗示人们购买所展览商品的作用。

3.塑造优美的整体形象

在橱窗中的商品不是孤立的,它总有许多陪衬物的烘托,为了突出主题,避免喧宾夺主,必须从橱窗的整体布局上采用艺术的手法来考虑设计方案,使橱窗的整体布局给顾客留下优美的整体印象。要达到此目的,布局上就要做到均衡和谐、层次鲜明、主次分明,一般情况下可采用对称均衡、不对称均衡、重复均衡,主次对比、大小对比、远近对比和虚实对比的手法,把整个橱窗中的各种物件有机地联系起来,使它们组成一个稳定而不呆板,和谐而不单调,主次分明、相辅相成的整体形象。在色彩的运用上需要根据商品本身的色彩、题材及季节的变化来安排,采用单一色、邻近色、对比色和互补色等原理,处理好对比、调和及冷暖的变化关系,给消费者以明快、舒适的感受。

4.虚实结合,启发消费者的联想

橱窗陈列常见的表现手法,是把商品样品与各种装饰物、色彩及相关的景物结合起来,构成完整协调的立体画面,使顾客产生丰富的联想。

总之,橱窗设计要以吸引顾客,刺激购买欲望为基本原则,促进顾客的购买行为。

六、周边环境与消费者心理及其购买行为

周边营业环境主要影响消费者对营业环境的辨认,还可能影响消费者购物的方便程度,如营业环境周围的商业气氛、交通状况及营业环境离消费者之间的地理距离等因素都会对消费者构成影响。

1.交通条件

交通条件无疑是影响营业环境最重要的外部因素。交通条件越方便,消费者购买商品的困难越少;交通条件越差,消费者购买商品的难度越大。近年来,越来越多的消费者拥有了自己的交通工具,他们需要营业单位提供交通工具存放的场地。这在商业密集的大城市,商场密集的黄金地带确实是一个令人头疼的问题,要找一个停车位显得异常困难。对于消费者来说,停车是否方便已成为购物活动中一个重要的考虑因素,消费者不愿意去停车困难的购物场所,而拥有大停车场的商场常常是生意火爆。

2.商圈的规模效应

当消费者在一处营业场所购买商品时,他们可能同时会在附近的营业场所游览、观光或消费,并可能随即产生购买行为,这样的购买行为就属于营业环境中的规模效应(也叫马太效应)。

营业环境形成马太效应的条件,一般是这些单位的地理位置接近、营业性质比较接近或者相互兼容,消费者才有可能在这个营业圈内保持持续消费的动机。

商圈,是指商品交换所涉及的地理范围。从商店营销的角度来讲,商圈是指商店能够吸引消费者来店购买的区域。无论大商场还是小商店,它们的销售总有一定的地理范围。这个地理范围就是以商店为中心,向四周辐射至可能来店购买的消费者所居住的地点。

零售商在进行商圈分析时应考虑以下几个因素。

(1)人口数量及特点

包括居住人口数量、工作人口数量、过往人口数量、居民户数和企业事

业单位数,及其年龄、性别、职业和收入水平构成等。

(2)建设状况

包括公共交通、通信设备、金融机构、供电状况等,对商店营销的方便程度。

(3)社会因素

包括地区建设规划、公共设施(公园、公共体育场所、影剧院、展览馆)及本地区的人文因素等,是否有利于商店的发展。

(4)商业发展潜力

在对商业发展潜力分析时,应了解并考虑该地区内同行业是过多还是不足。

第三节　营业场所内部环境与消费心理及购买行为

一、营业场所内部的整体布局

整体布局是指营业环境内部空间的总体规划和安排。良好的总体布局不仅方便顾客,减少麻烦,而且在视听等效果上给人们产生一定的美感享受,这是吸引回头顾客、保持顾客忠诚度的因素之一。总体布局的原则是视觉流畅、空间感舒畅、购物与消费方便、标识清楚明确、总体布局具有美感。

二、商品陈列的心理需求

商品陈列是指柜台及货架上商品摆放的位置、搭配及整体表现形式。商品陈列是商店内部陈设的核心内容,也是吸引消费者购买商品的主要因素。虽然商品陈列因行业不同、经营品种不同、营业场所构造不同而有所差异,但有一点是相同的,即商品陈列本身就是商品广告,摆放得体的商品本身就是激发消费者购买欲望的有力手段。消费者进入商店,最关心的自然是商品,商品陈列是否得当,往往影响消费者的购买心理。实践证明,商品陈列必须适应消费者的选择心理、习惯心理,并努力满足其求新、求美的心理要求。

(一)陈列用具

货架(或者柜台)是陈列商品的载体。货架设置的方式直接影响消费者的购买心理,相应的,不同的设置将产生不同的心理效果。而且陈列的最终目的是为了更好地辅助商品销售,刺激顾客购买欲望,成功的陈列一定是从顾客的需要出发,在正确全面地了解顾客心理的基础上完成的,不仅外观美观大方,更要方便顾客购买,检验陈列是否成功的标准为是否推动了所陈列商品的销售。

一般来说,四个层面货架陈列及不同的销售额如下。

顶端(1.7 米以上):10%;

眼高(1.6 米):25%;

手高(1.2 米):40%;

底层(0.5 米):25%。

1. 陈列用具的选择

(1)陈列的用具不能比商品更抢眼。一般的家庭室内装饰需要进行室内造型设计、家具和各种日用品的搭配,同样店内形象也要利用店内造型设计、陈列架和装饰品进行整体搭配。尽管如此,家庭和店内装饰还是有所区别的。与家具、日用品在家庭室内装饰占据重要位置不同,店内陈列用具自始至终只是作为商品的配角,不可以比商品更抢眼。店内最突出的设计是突出商品,使用少量的陈列用具与店内整个造型设计形象相一致。

(2)使用给人安全感的货架。当尖端的东西朝向自己的时候,人总会无意识地感觉到不安全,而且如果顾客不注意,也会划伤顾客。所以陈列货架一般采用圆形的或者把角切割掉。从材质上看,虽然可以根据店内形象选择玻璃、石头或者金属的,但是最能让顾客放心的还是木材。而且千万不能使用没有稳定感或者易损的东西和材料,因为堆积摆放商品时也要使商品稳定,不能有摇摇欲坠的不稳定感。绝对不能使用易损的货架。一般而言,陈列用具至少能够承受所载商品的三倍重量。如果陈列用具某个腿脚损坏,会降低整个安全基准,所以必须及时进行维修和更换。

(3)最好可以移动。随着顾客个性化需求的出现,顾客喜欢的产品也层出不穷,花样繁多,作为商店,根据商品的特点塑造店铺形象和氛围是最基本的。但是也要注意消费者的消费兴趣的变化,根据这种变化不断地调整店铺的形象,简单的方法就是改变店内陈列用具的摆放方式,这也能够从外表上改变一下店内的形象和氛围。使顾客从陈设不变的厌倦中摆脱出来。

因此,选用店内陈列用具时必须选择可以移动的,最好是带角轮的货架,而且尺寸最好不要太大。一般摆放商品的货架尺寸大小一般为 60~150 厘米,这样大小的货架可以方便移动,这样就可以使卖场的布置方式千变万化,但是用来冷藏食品的箱式货架可以较大(一般为 180~240 厘米)。

此外,还可以采用上下高度可以伸缩的货架,因为这样可以随着商品数量和商品大小进行调节,通过改变货架的高度以改变商品陈列方式。

2.陈列用具的设置方式

(1)按照售货方式不同

第一,开放式柜台。采用消费者直接挑选商品的开放式货架(或称花车),消费者可以根据自己的意愿和需要,任意从货架上拿取、选择和比较商品,从而最大限度地缩短与商品的距离,增强亲身体验和感受;可以获得较大的行为自由,使消费者在挑选的过程中获得成就感和自主感;消费者自主选择,减少外界干扰,同时可以获得商店对自己的信任。这样的货架能够促成消费者的购买欲望,促成购买行为。因此,一般的书店,鲜花店、百货商店、超级市场、专卖店等都或多或少采用开放式货架,而且深受消费者欢迎。开放式柜台销售的商品一般是价值较低的商品,交易频繁,挑选性强。

第二,封闭式柜台。封闭式柜台是通过售货员向消费者递拿、出售商品的设置形式。这种柜台降低了消费者自主感,使消费者和商品产生距离感,而且受售货员态度等方面的影响,因此对于消费者产生的负面效应较多。一般用在销售珠宝首饰、化妆品、钟表、副食品等不宜直接挑选的商品。

(2)按照排列方式不同

第一,直线式柜台。直线式柜台是将若干个货架呈直线排列。这种方式便于消费者通行,视野比较广阔、深远,但是不利于消费者迅速发现目标,一般常适用于小型商店。

第二,球状排列柜台。球状排列是指将一组柜台成球状排列,形成一个小的销售区域。这种方式可以增加货架的总长度,扩大商品的陈列面积,方便消费者迅速查找和发现所需要的商品,一般适用于大型商场。

(二)商品的陈列的一般要求

商品的陈列是商店为了突出商品,吸引消费者的注意并方便消费者购买,而对货架上的商品进行合理的搭配和摆放。合理有效的商品陈列,既可以激发消费者选购商品的欲望,又能增加消费者对商店的好感,同时还能减少营销人员的工作量(消费者提问次数减少),缩短交易的过程,促进商品的销售。

1.商品陈列的原则

(1)便于顾客挑选。依据商品的类别、款式、品牌、性质等因素进行分类陈列。不要将不同类别的产品堆放在一起。如不要将洗衣粉和食品放在一起,以免引起顾客的反感。根据商品的形状、质地、外包装等特性的不同,分别采用平铺、叠放、堆放、挂置、悬吊等不同的展示方式,以达到最佳的展示效果。

(2)商品正面朝向消费者。尽量把商品摆正让顾客容易观察商品,同时不可损害形象。左右摆放的时候,需要以顾客的眼睛为中心进行陈列,正面的商品可以与顾客眼睛直接相对位置,但是左右商品应以站立的顾客为中心朝向顾客摆放,方便顾客看到商品的正面,具有吸引顾客的效果。

陈列商品的"正面"必须全部面向通道一侧,每层陈列商品的高度与上段货架隔板必须留有一个手指的距离,每种商品之间的距离一般为 2~3 毫米。标签与商品对应摆放,即做到一货一签。

(3)商品显而易见。要达到顾客一眼就能看到商品并看清商品的目的,就需要注意商品陈列的高度、位置、商品与顾客之间的距离以及商品陈列的方式等。一般来说,根据消费者眼睛的高度(身高×0.9),从可以清楚地看见商品的视野进行计算,距离地面 60~75 厘米的位置到 180~210 厘米的位置最佳。但是在卖场中央位置,由于店内的视线不好,一般商品的摆放低于眼睛的高度,应该距离地面 150 厘米左右为最佳。

尽可能地让顾客看到更多的商品,只有看到更多,才能买更多。但是这不意味着把所有的商品都陈列在商场的黄金地段,而是可以以此为基线陈列。新品种必须陈列在最显眼的位置,同时配置"新商品"的促销牌。促销牌摆放位置要求既能准确指示商品,又不遮挡商品。

(4)商品伸手可取。商品陈列不仅要让顾客方便看到,而且还要保证顾客伸手可取,这是刺激顾客购买的关键环节,除了一些易受损失、易碎或者极其昂贵的商品之外,应尽量采用这种方式。在保证取出商品方便的同时,要注意放回原处也方便。如果一个商品很难放回原处,那么顾客会不愿意去拿,这样就会影响顾客挑选购买的兴趣,甚至会导致商品受损。

(5)商品陈列应丰满。消费者在购买商品的时候,一般情况下,总是希望能够"货比三家",而且只有在众多的商品之中通过仔细的挑选,才能产生成就感。根据这种心理要求,商品陈列应合理利用空间,尽可能展示更多的商品品种,但不应造成拥挤、杂乱无章的效果。可以将同类商品的不同款式、规格、花色的商品品种全部展示出来,以扩大可供顾客选择的范围,同时也给顾客留下商品种类齐全、丰高多彩的好印象,而提高商店的商品周转率。商品的陈列一定要有规律和一定的秩序,尽量使摆放的商品看起来丰富、品种多而且数量足,同时商品之间还需要留有适当的空间,也可以在摆放商品时组合成一定的图案或者形状,也可以达到商品丰富的效果。陈列摆放的商品要根据销售情况及时进行补充,并根据季节或者节日等的变化随时改变陈列的形式。

（6）确保商品陈列的安全性。外包装有摆放标识的商品必须按照标志要求摆放，体积大、重量重的商品应摆放在下面。货架层板必须摆放平稳、固定，层板上摆放的商品不得超重。商品展示不得超出货架，以防顾客碰撞，如有碰坏商品的应由负责人赔偿，不得随意拿取或更换用于保护商品的护栏。

2.商品陈列的基本形式

（1）醒目陈列法。醒目陈列法是指使商品陈列醒目，便于顾客看到商品的陈列方法.它也是商品陈列的第一要求.为此必须做到以下几点：

第一，位置。当消费者进店之后，就会不由自主地环视陈列的商品.而商品摆放位置的高低会直接影响消费者的注意和感受程度。而商品陈列位置是否最佳取决于其是否醒目。一般来说，人的视线的最佳醒目位置是与眼睛成直角的地点.从顾客的眼睛以下胸部是最佳的感度，对这一黄金区域商店必须充分利用。防止不必要的空间浪费。

第二，量感。数量少而小的东西一般不会引起人的注意，必须使小商品和形状固定的商品成群排列，集小为大以造成声势。有时可以利用错觉造成商品丰富的感觉，如水果店，在斜着置放的平柜之后，放一面大镜子，商品看起来就丰富多彩了。

第三，色彩和照明。很多商品和包装都具有各种丰富的色彩，这对于吸引顾客注意力是一个有利的条件。要研究色彩配合，使商品陈列给顾客留下赏心悦目的好印象。对灯光的要求色彩柔和，避免过于鲜艳、复杂的色光，尽可能地反映商品的本来面貌，给人良好的心理印象，如食品橱窗的广告，用橙黄色的暖色，更能增强人们的食欲。

第四，分清主次。商品的陈列不仅要追求美观，而且要有强有弱、有主有次。要使畅销的、顾客欢迎的、包装或者造型优美的商品作为陈列的重点，放在货架的黄金位置，以吸引顾客，在周围摆放一些相关的商品，不仅能够扩大顾客的视线范围，而且能够增加商店的销售额。

（2）开放陈列法。顾客不会只看到商品，就会产生强烈的购买欲望，还需要对商品进行接触，满足其感官和心理的需要，才会自主地掏钱购买。在商品的陈列中，应该方便消费者自由接触、选择、试穿、品尝商品，减少消费者的心理疑虑，降低购买风险，加强购买决心。在许多情况下，顾客最关心的并非是商品的价格。而是其内在的品质。如用大型图片展示一袋正在倒出的可可豆，这样的效果显然没有展示顾客品尝可可豆的情景来得好，因为顾客最关心的是可可豆的味道，而不是它的形状。因此在商品陈列之前首先应弄清楚顾客对该种产品已经了解了多少，最想要知道的是什么。

（3）季节陈列法。季节性商品突出陈列。在家乐福，每当节假日前期，总会有相关节假日促销品被特殊陈列于卖场最显著位置。这种集中陈列一方面可以渲染卖场节日气氛，另一方面刺激顾客购买欲望，因为一般季节性商品都属于冲动性消费商品，在最醒目的位置陈列吸引顾客注意，增加了销售概率。

（4）组合陈列法。具有相关互补性的商品可以搭配陈列在一起。相关性商品的组合陈列可以有效地刺激消费者的购买欲望，形成连锁消费。在卖场摆放促销品时，可以将一些相互关联的商品一起陈列，效果会比较好。比如，将球衣和球鞋、羽毛球拍和羽毛球、微波炉和微波器皿等摆放在一起。

（5）突出重点陈列法。在同一类商品中也许有几件较有特色的商品，为了突出展示这些商品，梯形展台能较好地满足这方面的需要。梯形展台上分多层陈列大小不同的盘子，背面用色彩相配的图案作底衬，并配以聚灯光照明，起到非常鲜明的效果。

（6）艺术陈列法。它是指通过商品组合的艺术造型进行摆放的陈列形式。各种商品都有其独特的审美特征，例如：有的造型独特；有的色泽艳丽；有的款式新奇；有的格调高雅；有的气味芬芳；有的包装精美等。在商品陈列中，应在保持商品独立美感的前提下，通过艺术造型使各种商品巧妙组合，相映生辉，艺术布局，达到整体美的艺术效果。为此，可采用直线式、立体式、图案式、对称式、折叠式、形象式、均衡式、艺术字式、单双层式、多层式、斜坡式等多种方式进行组合摆布，赋予商品陈列以高雅的艺术品位和强烈的艺术感染力，以求对消费者产生较强的吸引力。

在实践中，上述方法经常可以灵活组合，综合运用，同时要适应环境的需求变化，不断调整，大胆创新，使静态的商品摆放充满生机和活力。

三、营业场所内的音响

用音乐来促进销售，可以说是古老的经商艺术。旧中国一些商号用吹号敲鼓或用留声机放歌曲来吸引顾客，小商小贩利用唱卖或敲击竹梆、金属器物等音乐形式招徕生意。心理学研究表明，人的听觉器官一旦接受某种适宜音响，传入大脑中枢神经，便会极大地调动听者的情绪，造成一种必要的意境。在此基础上，人们会萌发某种欲望，并在欲望的驱使下而采取行动。这是因为人体本身就是由大量振动系统构成的。优美、轻快的音乐，能使人体产生有益的共振，促使体内产生一种有益健康的生理活性物质，这种物质可以调节血液的流量和神经的传导，使人精神振奋。但是，并不是任何音响都有利于唤起消费者的购买欲望。相反，一些不合时宜的音响会使人产生不适感。所以，现代企业在利用音响促销时应当注意以下原则。

(一)音响要适度,即音响度高低要合适

人对音响高低的反应受到绝对听觉阈限的限制。音量过低,难以引起消费者的听觉感受;音量过高,会因刺激强度过大形成噪声污染,给消费者带来身心不适,产生不良效果。

(二)音乐要优美,并尽量体现商品特点和经营特色

运用音乐或广告音响,一定要优美动听,并与所销售的商品及企业经营特色相结合,促使消费者产生与商品有关的联想,激起对商品及商店的良好情感,从而诱发购买欲望。

(三)音响的播放要适时有度,播放音乐与不播放音乐相结合

人们对任何外界刺激的感受都有一定的限度,超过限度便会产生疲劳感,进而产生抵触情绪。所以,音乐的播放要适时有度,切忌无休止、无变化地延续。

四、营业场所内的照明

照明直接作用于消费者的视觉。营业厅明亮、柔和的照明可暨充分展示店面,宣传商品,吸引消费者的注意力;可以渲染气氛;调节情绪,为消费者创造良好的心境,还可以突出商品的个性特点,增强刺激强度,激发消费者的购买欲望。因此讲求灯光照明的科学性、艺术性是非常有必要的。营业场所的内部照明分为自然照明、基本照明和特殊照明3种类型。

(一)基本照明

基本照明是为了保证顾客能够清楚地观看、辨认方位与商品而设置的照明系统。目前,商场多采用吊灯、吸顶灯和壁灯的组合,来创造一个整洁、宁静、光线适宜的购物环境。

基本照明除了给顾客提供辨认商品的照明之外,不同灯光强度也能影响人们的购物气氛。基本照明若是比较强,人的情绪容易被调动起来,这就好像在阳光普照的时候或在阳光明媚的海滩上一样令人心旷神怡。美国麦当劳或肯德基的连锁店,其基本照明都很充足,人们一进入营业环境里立即感到一种兴奋。基本照明若是比较弱,人不容易兴奋起来,可能让人产生平缓安静的感觉,也有一定程度的压抑感,商品的颜色看起来有些发旧。所以销售古董一类商品的场所可以把基本照明设计得暗一些,但在日用品营业场所的设计中应该避免这样做。

(二)特殊照明

特殊照明是为了突出部分商品的特性而布置的照明,目的是为了凸显商品的个性,更好地吸引顾客的注意力,激发起顾客的购买兴趣。特殊照明多采用聚光灯、实行定向照明的方式,常用于金银首饰、珠宝玉器、手表挂件等贵重精密而又细巧的商品,不仅有助于顾客仔细挑选、甄别质地,而且可以显示商品的珠光宝气,给人以高贵稀有的心理感受。国外有的商店还用桃红色作为女更衣室的照明。据说在这种灯光的照射下,女性的肤色更加艳丽,试衣者感觉这件衣服穿在身上能使自己更显美丽,大大增加了服装的销售量。另外,在橘子、哈密瓜、电烤鸡等水果、食品的上方采用橙色灯光近距离照射,可使被照食品色彩更加红艳,凸现新鲜感,激起顾客购买食用的心理欲望。

(三)装饰照明

在整个商店的商品陈列中起着重要作用,它可以把商店内部装饰打扮得琳琅满目、丰富多彩,给消费者以舒适愉快的感觉。但对于装饰照明的灯光来说,对比不能太强烈,刺眼的灯光最好少用,彩色灯和闪烁灯也不能滥用,否则令人眼花缭乱、紧张烦躁,不仅影响顾客,而且会对销售人员心理产生不利影响。

五、营业场所内的温度与湿度

营业场所的温度与湿度是评价营业场所室内环境的主要因素,对人们购买的影响最为直接。商场的温度受季节和客流量的影响。温度过高或过低都会引起人们的不舒适感。现在,商场里安装冷暖空调已不是奢侈之举,它是满足人们生理和心理双重需要的摹本设施,适宜的温度对购物情绪和欲望有着良好、直接的影响。

湿度是表明空气中水分含量的指标。人们一般对湿度的注意程度要远远低于对温度的注意程度。湿度与季节和地区有密切的关系,南方在夏季时气候异常潮湿,北方的冬季气候出奇地干燥。如果是在高温季节里,再加上潮湿的空气,会使人更加觉得不舒服,购物情绪将荡然无存。空调系统可以有效地降低空气中的水分,提高人们的舒适度。

六、营业场所内的色彩

色彩指商店内部四壁、天花板和地面的颜色。心理学研究表明,不同的色彩能引起人们不同的联想和情绪反应,产生不同的心理感受。例如黑色给人以严肃、庄重感;红色给人以热情、喜庆、燥热感;白色给人以纯真、圣洁感;蓝色给人以宁静、淡漠感;绿色给人以青春、生命、新鲜感;紫色给人以高贵、神秘感;橘红色可以刺激人的情绪高涨;淡蓝色可以抑制人的情绪发展;各种浅淡色会造成扩大的感觉;各种深色会产生缩小的感觉。在营业场所内部环境设计中,色彩可以用于创造特定的气氛,它既可以帮助顾客认识商场形象,也能使顾客产生良好的回忆和深刻的心理感受,激发人们潜在的消费欲望,同时还可以使顾客产生即时的视觉震撼。

一般而言,商场内部装饰的色彩以淡雅为宜。例如,象牙白、乳黄、浅粉、浅绿色等,会给人以宁静、清闲、轻松的整体效果;反之,配色不适或色调过于浓重,会喧宾夺主,使人产生杂乱、沉重的感觉。

第四节　服务环境与消费者心理及购买行为

一、服务人员与消费者心理及其购买行为

(一)购买过程的心理沟通

1.顾客进入购物消费环境的不同情况

(1)有明确的购买计划

消费者走进营业环境之前,已经想好了需要购买的商品,进入营业环境之后,头脑里主要的意识集中在他们希望购买的商品上。

(2)只有购买动机而没有明确的购买计划

消费者进入营业环境之后比较散漫地寻找商品或服务,被各种营销因素所吸引,逐渐有了明确的决策并实施消费行为,还有可能产生新的消费愿望,进而促成新的消费行为。

(3)进入营业环境之前,头脑中没有任何购买动机

消费者只是在浏览闲逛过程中被商品和促销形式所吸引并对商品发生兴趣,产生购买消费愿望,形成购买动机,进而实现购买行为。

2.服务人员应进行有效的心理沟通与服务

服务人员在这个过程中,要与顾客进行有效的心理沟通并提供优质服务,应做好如下几方面工作。

（1）接待

接待服务是对顾客到来的一种表示，接待的形式多种多样，营业员自然而甜蜜的微笑，常常能令顾客产生良好的信赖感。

营业员还需要与顾客进一步地交流和沟通。有些营业员在刚刚接待顾客时就问一句"买点什么？"或"您要点什么？"这种问话方式是服务素质较低的表现，是不能正确地理解顾客心理的行为。许多刚进入营业环境的顾客仅仅注意到了商品而没有认识也没有联想思维，就立即询问"要点什么？"让其明确表示购买动机和决策，这是很困难的，还有可能会使持闲逛浏览心理的潜在顾客以后不再来光顾，以致失去购买机会。

（2）展示

展示商品是营业员的第二步工作，它指向顾客展示商品陈列的位置，指引顾客如何观看商品。热情地向顾客展示商品，是增进顾客信赖感的有效方法。

（3）介绍

营业员要向消费者介绍商品的功能、结构特点、使用方法与其他商品相比所表现出来的优点、商品的价格、购买这种商品之后会得到什么样的服务、维修服务的情况如何等。营业员向顾客介绍商品的情况时，态度应该热情自然，客观而准确，不能有欺骗顾客的现象，要力求让消费者产生信赖感。

（4）推荐

顾客对于商品有了一定程度的了解和认识之后，可能已经进入购买决策阶段，会考虑选择哪一种更好，此时营业员可以用带有推荐性的语气向他们介绍其中某些商品。比如，"这种式样更适合你"等，可以对商品的功能和特点进行比较，利于顾客较迅速地做出选择。

（5）促进

如果顾客处于买与不买的两难过程，营业员可以适当地用一些语言和行动来促进他们做出决定。比如，向顾客介绍商品价格、质量、包装、功能、服务等方面的优越性，询问他们是否急需这种商品，在别的地方购买是否方便，还需要提供什么样的服务，如果需要其他的服务形式还可以与营业环境的负责人具体商量等，这些方法可以打消顾客的某些顾虑，促使顾客迅速做出购买的决定，也可能中止一些不适宜的购买行为。有些顾客的购物经验较多，若以欺骗性的手段来诱导顾客的购买，则很难与顾客建立信赖关系。

（6）成交

成交时，营业员应点清交付的现金或确认其他支付方式的金额，为顾客准确填写购物发票，为顾客指明交纳现金的地点，为顾客选好需要购买的商品，将商品包装好，为顾客详细地说明售后服务的内容和服务的地点等。成交过程应尽可能有条不紊的快速地完成,避免与顾客过多交谈,以免节外生枝,消费者突然改变购买意图。

(7)送客

成交工作完成之后,营业员向顾客说一声"欢迎您再一次光临""欢迎您再来""欢迎您对我们的工作提出意见"等一类的礼貌用语,会给顾客留下一个良好的回忆。

(二)营业员与消费者的相互作用

在营业员与消费者的接触和交易过程中,各自表现出不同的态度。这种在营业现场偶然、短暂的接触中所表现出来的态度,是双方的积极程度与情绪水平的结合。这种结合归纳为以下4种互动状态。

1.情绪好与积极性高的结合

在这种状态下,表现为愉快兴奋、积极性高、乐于交往、待人友善、活力很强。意味着消费者有兴致购买商品,营业员也有良好的服务态度。

2.情绪好与积极性低的结合

在这种状态下,表现为安闲温和、精力不足、动作迟缓。意味着消费者从容不迫、耐心宽容、细心谨慎。营业员表现为冷热适中、不卑不亢、缺乏主动交际精神。

3.情绪不好与积极性高的结合

在这种状态下,表现为动辄发怒、苛求于人。显然,消费者与营业员都容易失去理智,买卖活动存在着潜在的冲突。

4.情绪不好与积极性低的结合

在这种状态下,表现为孤僻冷漠、漫不经心、无所事事、无精打采。显然,消费者与营业员都提不起精神,在无所谓地消磨时间。

(三)妥善处理消费者抱怨

消费者的抱怨是每个营业员都可能遇到的情况,再好的产品也难免会遇到爱挑剔顾客的抱怨。营业员不应该粗鲁地对待消费者的抱怨,其实这种消费者可能就是你永久的买主。正确地处理消费者抱怨,能够提高消费者的满意程度,增加消费者认准品牌购买的倾向,并可以获得丰厚的利润。

倾听消费者的不满,这是销售过程的一部分,而且这一工作能够增加营业员的利益。对消费者的抱怨不加理睬或错误处理,将会使营业员失去消费者。一般地,消费者有了抱怨在营业员那里得不到倾诉,回去后会向其亲友倾诉,造成今后营销工作更大的损失。让消费者说出来,既可以使消费者心理平衡,又可以知道问题所在,从而对目前存在问题做及时修正,避免以后出现类似问题招致消费者的不满。

二、便利服务与消费者心理及其购买行为

一般而言,便利服务是进一步提高顾客满意度的促进因素,比如宽大的休息空间、比较方便的公共卫生设施等。有些便利服务可能是决定某些顾客是否光临的首要因素,比如营业时间、寄存服务等。便利服务可体现在如下几个方面。

(一)建立覆盖面广、高效运作的售后服务网络

企业可以通过建立广泛的服务网点、开通免费电话等方式,向顾客提供及时有效的售后服务。同时,现代企业通过服务创新,向消费者提供超过其预期的、更加周到的售后服务。如送货上门、"三包"服务、安装服务、包装服务、提供知识性指导及产品咨询服务。

(二)营业时间

因现代社会的生活方式越来越多元化,消费者购物的时间安排需要有较大的灵活性,营业时间亦成为影响顾客满意度的因素之一。因延长营业时间或轮班可能会增加零售商的成本开支,这就对经营单位的时间安排和管理提出了更高的要求。

(三)支付系统

21 世纪,由于互联网、云计算和大数据的飞速发展,支付系统发生了翻天覆地的变化。2003 年,支付宝登上历史舞台;2010 年年底,互联网上第一次出现二维码及相关技术,标志着国内二维码支付开始被广泛普及;2011年支付宝推出条码付业务,开启线下扫码支付;2013 年,微信支付出现。

(四)餐饮休息室

营业环境里设置小型的冷饮室,让顾客坐下来喝点饮料,缓解一下疲劳,这种设计显得周到。在人群拥挤的营业环境,空气质量不高,人们很容易感到疲劳,顾客一旦累了,又找不到适当的方式休息,一般性反应是尽快离开这种环境,而设置一两个餐饮厅,虽然可能会减少少量的营业面积,但

是将顾客留在现场继续购物却大有益处。

(五)寄存服务

自动寄存柜又称电子寄存柜、电子存包柜等,是 20 世纪嵌入式计算机技术快速发展后在传统寄存行业的应用。寄存柜历史悠久,无论是早期的人工寄存还是自主寄存,这两种都是简单初级的寄存方式。随着嵌入式计算机技术的发展,以及社会经济水平的发展,越来越多的场合采用自动寄存柜对进出人员的物品进行寄存保管。

(六)快递服务

国内快递行业已经经过数十年的高速增长,随着国内经济进入新常态,未来的市场整体增长将逐渐趋缓,但其中中西部地区和下沉市场潜力将被进一步挖掘,区域发展将更趋平衡,另外智慧物流科技的发展将带动快递行业的技术应用不断深入,电子运单、智能仓、北斗导航技术、区块链技术,以及"无人仓、无人机、无人车"等技术装备的迅速普及,将促进快递服务质量进一步升级。

(七)公共厕所

营业环境不论大小都应该设置公用厕所,这不仅是商业营业环境的基本要求,也是社会文明的基本要求。有些营业场所虽然设置了公共厕所,但厕所内臭气熏天,苍蝇乱飞,经营单位既不能定期维护,也没有洗手水、卫生纸之类的辅助用品。这种情况不仅给顾客造成了不方便,也影响了服务质量。

参考文献

[1]江林.消费者心理与行为[M].北京:中国人民大学出版社,2003.

[2]田义江,戢运丽,刘小林.消费心理学[M].北京:科学出版社,2005.

[3]符国群.消费者行为学[M].武汉:武汉大学出版社,2004.

[4]马义爽,王春利.消费心理学[M].北京:首都经济贸易大学出版社,2002.

[5]冯丽云,孟繁荣.营销心理学[M].北京:经济管理出版社,2004.

[6]谢斯,米托.消费者行为学管理视角[M].罗立彬,译.北京:机械工业出版社,2004.

[7]科特勒.营销管理[M].梅汝和,梅清豪,张桁,译.上海:上海人民出版社,2001.

[8]施密特.体验营销[M].周兆晴,译.南宁:广西民族出版社,2003.

[9]方光罗.市场营销学[M].大连:东北财经大学出版社,2004.

[10]邱华.服务营销[M].北京:科学出版社,2004.

[11]王宁.消费的欲望[M].广州:南方日报出版社,2005.

[12]理查德·格里格等.心理学与生活[M].北京:人民邮电出版社,2003.

[13]古斯塔夫·勒庞.乌合之众:大众心理研究[M].北京:新世界出版社,2010.

[14]全国十二所重点师范大学.心理学基础[M].北京:教育科学出版社,2002

[15]黄希庭.心理学导论[M].北京:人民教育出版社,2007.

[16]王玉,苏世兰.心理学经典教程[M].北京:北京出版社,1998.

[17]陈君慧.话说心理学[M].北京:北京燕山出版社,2009.

[18][美]德尔·I·霍金斯,戴维·L.马瑟斯博,罗杰·J.贝斯特.消费者行为学[M].11版.北京:机械工业出版社,2012.

[19][美]韦恩·D·霍伊尔,德波拉·J.麦克伊尼斯.消费者行为学[M].4版.北京:中国市场出版社,2008.

[20][美]迈克尔·R.所罗门.消费者行为学(中国版)[M].北京:电子工业出版社,2006.

[21]李东进.消费者行为学[M].北京:机械工业出版社,2008.

[22]符国群.消费者行为学[M].北京:机械工业出版社,2008.

[23]李晓霞,刘剑.消费心理学[M].北京:清华大学出版社,2010.